少年科学家
物理小百科

能量

[美]世界图书出版公司 编著

燃点时光工作室 译

清华大学出版社
北京

北京市版权局著作权合同登记号　图字：01-2022-1886

版权所有，侵权必究。举报：010-62782989，beiqinquan@tup.tsinghua.edu.cn。

图书在版编目（CIP）数据

少年科学家 . 物理小百科 / 美国世界图书出版公司编著；燃点时光工作室译 .—北京：清华大学出版社，2023.2
书名原文：Young Scientist
ISBN 978-7-302-60583-6

Ⅰ . ①少⋯　Ⅱ . ①美⋯ ②燃⋯　Ⅲ . ①科学知识—少年读物 ②物理学—少年读物　Ⅳ . ① Z228.1 ② O4-49

中国版本图书馆 CIP 数据核字 (2022) 第 064551 号

责任编辑：陈凌云
封面设计：燃点时光工作室
责任校对：袁　芳
责任印制：杨　艳

出版发行：清华大学出版社
　　　　　网　　　址：http://www.tup.com.cn, http://www.wqbook.com
　　　　　地　　　址：北京清华大学学研大厦 A 座　　　邮　　编：100084
　　　　　社 总 机：010-83470000　　　　　　　　邮　　购：010-62786544
　　　　　投稿与读者服务：010-62776969, c-service@tup.tsinghua.edu.cn
　　　　　质量反馈：010-62772015, zhiliang@tup.tsinghua.edu.cn
印 装 者：当纳利（广东）印务有限公司
经　　销：全国新华书店
开　　本：212mm×272mm　　　印　　张：15　　　字　　数：323 千字
版　　次：2023 年 2 月第 1 版　　　　　　印　　次：2023 年 2 月第 1 次印刷
定　　价：152.00 元（全四册）

产品编号：095757-01

目录 CONTENTS

能量是什么

在我们的世界上，运动随处可见。树在风中摇摆，飞机划过天空，船舶驶入大海，人和动物们走走停停。这些事物中没有一种能在没有能量的情况下运动，生物和机器运作都需要能量。

能量从何而来？几乎所有的能量都来自于太阳，当太阳的能量抵达地球时会被转化成其他种类的能量，太阳能甚至存在于煤和石油中。很久以前，太阳把它的能量传递给植物和动物，经过数百万年的演化，动植物死后的遗骸变成了煤和石油。后来，发电站将煤和石油中的能量转化成电能。如果没有太阳所提供的能量，地球上就不会有生命存在。

当你骑自行车时，食物为你的腿部肌肉提供能量，而太阳则为生产食物提供必需的能量。

风的能量使风车的叶片旋转。风车产生能量的多少取决于风的强弱。

石油燃料为飞机提供飞行所需的能量。飞机越重，起飞所需的能量越多。

轮船可以使用两种能源——发动机中的汽油或者吹动船帆的风能。

点亮电灯的能量来自发电站，发电站可以通过燃烧不同的燃料来发电。

驾驶汽车需要的能量来自汽车发动机里的汽油。汽油来自石油，石油为世界上大多数的运输工具提供能量。

能源

如何让家里保持凉爽？在晚上你用什么灯来照明？任何能给你带来光和热的东西都需要能量。家用电器也需要能量。准备一个笔记本，在本子上列出你家厨房里所有需要能量的东西，想一想各种电器都使用什么类型的能量？

在这幅房屋剖面图中，你可以看到各种需要不同类型能量的设备和设施。环顾一下你所在的房屋，列出其中需要用到的能量的类型。

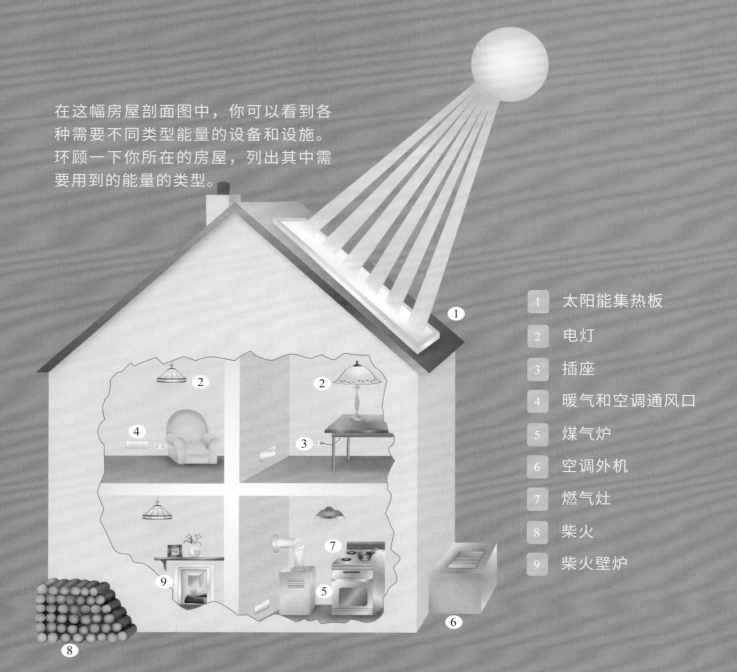

1 太阳能集热板

2 电灯

3 插座

4 暖气和空调通风口

5 煤气炉

6 空调外机

7 燃气灶

8 柴火

9 柴火壁炉

家中的能源

　　大多数家庭都有电力供应。电流从发电站出发，通过电缆和电线进行传输。在发电站，电能通常是由化石燃料、核燃料或者水力释放的能量产生的。化石燃料是由史前动植物的遗骸形成的，其中包括煤、天然气和原油等。我们从原油中提取石油。

　　在家中，我们除了用电，也同样会使用化石燃料作为能源。煤炭和石油燃烧后可以提供热能；燃烧天然气可以取暖、做饭；煤油灯可以当作光源。

　　家里的非化石燃料能源包括木柴、太阳能和风能等。木柴可以通过燃烧提供热量；太阳能是太阳发出的能量，通常用太阳能板收集，太阳能可以为房屋供暖，也可以用来烧水；风能的利用往往不太容易，只有那种强劲而稳定的风才能用来发电。

能源枯竭

　　化石燃料被称作不可再生能源，因为一旦它们被用尽，就无法补充了。可能有一天，地球上所有的煤、天然气、石油都被耗尽，我们将再也没有化石能源可以使用了。

　　取之不尽用之不竭的能源被称为可再生能源，或者称为不竭能源。太阳能、风能和水能都是可再生能源，不管我们用了多少，这类能源都可以源源不断地供我们使用。

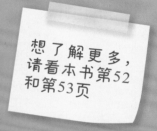
想了解更多，请看本书第52和第53页

木柴、煤炭、天然气都可以作为烹饪的燃料。图中的烧烤师正在炭火上烧烤食物。

原子和分子

你知道你的身体是由什么构成的吗？有一种说法认为，人由血肉和骨骼构成；另一种说法则认为，人由原子和分子构成。原子参与构建世界上所有的物质，是物质的最小单元，一个原子的直径是一根人类头发直径的百万分之一，原子聚集在一起组成分子，我们用肉眼无法直接观察到它们，但是可以借助高倍显微镜来观察。

什么是动能

原子和分子一直都在运动，它们具有动能。"kinetic"一词来自希腊语，它的意思是"移动"。

例如，在铁棒这类固体中，原子紧密地排列在一起。如果铁棒是冷的，里面的原子只会轻微地振动；当铁棒被加热时，原子的运动速度会越来越快，原子运动得越快，动能就越大；如果铁棒变得足够热，原子就会有足够多的动能彼此分离，这时固态铁就熔化成了液态铁。

这个炉子里的温度极高，以至于里面的铁和其他材料都熔化成了液体，液体钢铁从炉内被倒出，并进行浇铸，然后等待冷却成型。

物理小百科探索   从冰到水

蒸汽驱动了火车的发动机，发动机拉动火车头，蒸汽带动车轮使火车移动，然后化作白烟飘散到空中。

制作蒸汽

当液体受热时，一些液体分子可以获得足够多的能量，逸出液体表面并进入空气，逃离的液体分子此时会变成气体分子。当你烧开一壶水时，发生的就是这种情况。一些分子从水中逸出，并形成一种不可见的气体，称为水蒸气。当水蒸气接触冷空气时，会凝结成微小的液态水，我们所看到的云正是由这些微小的水滴形成的。

如果你见过蒸汽火车或蒸汽轮船，你会注意到凝结的蒸汽从顶部的烟囱中涌出。在这些火车和轮船的内部都有蒸汽机，蒸汽机是通过蒸汽使火车或轮船移动的。最大、最快的船有强劲的蒸汽机，称为汽轮机。

请准备

- 2块冰
- 2个茶托
- 1个计时器

1 将其中一块冰放在茶托上，当冰是固体时，里面的分子振动得非常缓慢。记录冰块完全融化所需要的时间。

2 将第二块冰放在另一个茶托上，开启计时器。用一根手指按住冰块，直到冰块完全融化（如果这根手指变得太冰了，可以换另一根手指）。手指的温度使分子振动加快，分子的动能使冰融化成水。记录冰块完全融化所需要的时间。

? 两块冰中，一块比另一块融化得更快吗？如果是，你知道为什么吗？

化学物质中的能量

你见过"化学能展示"吗？实际上，你可能见过，但当时你也许并不知道它叫这个名字。在化学能展示中，往往会出现不同颜色的火花和各种声响：火箭发射飞向天空、鞭炮发出响亮的爆炸声、转轮烟花飞快旋转、像星星一样的火花从手持焰火筒中射出……

是的，烟花利用的就是化学能，由一种叫作火药的特殊爆炸粉末，以及一些其他爆炸性的化学物质制作而成。这些化学物质中含有大量的能量，当火药燃烧时，会急速释放出很多不同的气体，能量被迅速释放并进入空气，同时伴有巨大的响声，烟花释放出的彩色烟火是通过燃烧其他化学物质产生的。

烟花燃烧殆尽之后，只剩下一些黑色的、不能燃烧的粉末。烟花中火药的高能化学物质变成了高能量的运动气体，这些气体产生了动能和声音，烟花内部发生的变化是化学反应。

这场烟花表演使用了大量的化学能，不同的颜色是通过燃烧不同的化学物质形成的。

化学反应

　　烟花只是化学反应的一个例子。在你身边还有很多化学反应的例子。汽车发动机使用的也是化学能，在大多数汽车中，汽油高能量分子在引擎内燃烧后，变成气体分子，产生动能。

　　化学能也可以在不燃烧的情况下产生，例如，动物和人类利用食物中的化学能来保暖以及工作；来自太阳的光能也可以转化成化学能，例如，当阳光照射到植物叶片上时，植物会通过获取太阳能来产生一种特别的物质——葡萄糖，葡萄糖中包含化学能，生物可以从葡萄糖中获得能量。

想了解更多，请看本书第6和第7页

　　大多数的汽车发动机都是由汽油和空气的混合物来提供动力的，当该混合物与电火花互相接触时，热能和动能就随之产生了。

ENERGY

核能

上图展现了核爆炸后蘑菇云升空的景象。

化学能是"锁在"原子和分子内部的能量之一，还有一种是核能。原子的中心是原子核，由被称为质子和中子的微小粒子组成，质子带有正电，中子不带电。原子核被带有负电的电子围绕，带正电的质子和带负电的电子互相吸引，将原子核与电子连接在一起。

原子裂变

大多数原子都可以进行不同的排列组合，形成不同的物质。有几种金属的原子可以改变或者分裂，产生新的、不同的原子，例如一种叫作铀的金属，它的原子核可以一分为二，这就是"核裂变"。

当铀原子的原子核分裂时，其中的一些中子会被释放，这些被释放出的中子会撞击其他铀原子，导致更多的铀原子分裂。原子核分裂时，会释放出大量的热能，核电站即利用这种热能来发电。

原子聚变

气体氢的原子核不能分裂，但是可以被挤压在一起，这个过程叫作"核聚变"。"聚变"一词的意思是"结合"。

太阳的能量就来自于氢原子的核聚变，太阳中的氢原子不断地相互碰撞融合，形成更大的氦原子。

如果一种被称为氘的氢气被加热到极高的温度，氘原子相互碰撞形成更重的元素，这个过程便会释放大量的能量。在核电站中，科学家们正试图寻找一种能够利用核聚变产生能量的方法，如果找到了，核聚变将成为最经济、最清洁的发电方式之一。

想了解更多，请看本书第6，7，40，41页

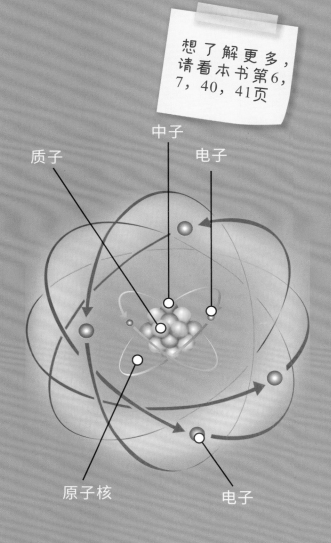

质子　　中子　　电子

原子核　　　　电子

一个原子由三种不同类型的粒子组成——质子、中子和电子。质子和中子聚集在位于原子中心的原子核内，电子则以极快的速度围绕着原子核旋转。

食物中的能量

在下图中可以看到，你每吃掉200g不同种类的食物，分别能够获得多少能量。西红柿约含有40卡路里，冰淇淋约有400卡路里。

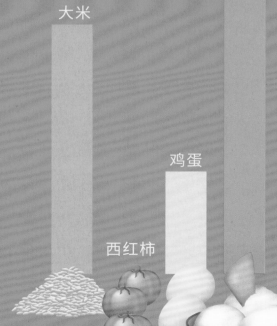

冰淇淋

大米

鸡蛋

香蕉

西红柿

你无时无刻不在消耗能量，即便是睡觉期间也在消耗。你的身体需要能量来活动以及保持体温。当天气转冷，或者当你运动时，还需要额外的能量来帮助身体和肌肉完成更繁重的工作。

你的能量来自于所吃的食物。食物中含有化学能，当食物被消化后，你的身体会利用这些能量来工作并维持体温。你知道哪些食物含有大量的化学能吗？

消化食物

科学家们曾经对存在于不同食物中的化学能做了大量分析。食物中能量的数量以"卡路里"来计量，例如一盘生菜含有非常少的卡路里，也就是说它具有非常少的能量；米饭和香蕉含有更多的能量，但是等量的冰淇淋含有的能量更多！

当你吃东西时，食物通过你的身体到达肠胃，胃里一种被称为酶的特殊化学物质能帮助你将食物分解成可供身体吸收利用的各种营养，我们将这种分解的过程称为消化。食物中能最有效地为身体提供能量的物质是脂肪和碳水化合物。脂肪有黄油和植物油等，碳水化合物有面包、土豆和蔗糖等，这些都含有非常多的卡路里。

跨栏运动员会消耗很多能量，他们需要食用各种含有大量能量的食物，比如意大利面、面包和谷物等。

想了解更多，请看本书第24，25，28，29页

你的身体需要能量

不同的人需要从食物中摄取能量的多少各不相同。从事重体力工作的人，比如挖掘工、伐木工，或者一名在北极寒地工作的探险家，都比办公室白领需要更多的能量；活泼好动的孩子需要的能量大约等同于一位从事轻体力劳动的成年人；老年人通常从事少量的工作，行动也更加缓慢，因此他们需要的能量也比较少。

为了将你的体重和能量维持在一个比较合适的水平，很重要的一点便是根据你身体所需能量的多少来摄取食物。同样，选择正确种类的食物也很重要，除了脂肪和碳水化合物，你的身体也需要蛋白质，比如鱼、肉和奶酪等，蛋白质对于生长以及维持身体结构至关重要。

你需要能量的多少取决于你的年龄和你所从事的活动或工作。

成年男性

年轻人

成年女性

学龄儿童

1～3岁的婴儿

势能

"各就各位！预备！开始！"这是你参加跑步比赛时起跑的命令。当你跑步时，身体会产生动能，也就是运动的能量。当你在起跑线上时，只会消耗少量的能量，大部分能量都被存储、积攒了起来，为跑步比赛做准备。这些存储起来供后续使用的能量是一种势能。

势能通常是与做功联系在一起的。拿一个球放在地板上，再把球放在高处的架子上，那么球放在架子上时就比它在地板上时有更多的势能。球之所以获得了额外的能量，是因为当球被放到高架上时，我们对它做了功。你知道如何将小球的势能转化或存储为动能吗？

想了解更多，请看本书第6，7，28，29页

这些轮滑小将们正在消耗大量的动能。

能量是如何存储的

当弓箭手拉弓时，他的弓便具有了势能；当弓箭手放开弓弦，势能就转化成了动能，于是箭射向前方。当你给时钟上发条时，势能则被存储在了钟的弹簧里，能量转化成动能，使时钟工作。

这个弓箭手拉弯了弓，弓的势能将在他松开弓弦的一刻转化成动能。

物理小百科探索   制作棉线卷筒牵引器

想一想棉线卷筒牵引器是如何利用被拧起来的橡皮筋存储势能的。

请准备

- 1个1.25cm长、中间有一个洞的圆形蜡烛片（用在热水中浸过的餐刀切蜡烛）
- 1个橡皮筋
- 2根牙签
- 1个空棉线卷筒

视频演示

1 把橡皮筋穿过卷筒的中心。将一根牙签折成两半，把其中的一半塞进卷筒一头的橡皮筋里。

2 将橡皮筋的另一端穿过蜡烛的洞。

3 将第二根牙签穿过蜡烛末端的橡皮筋。转动牙签把牵引器拧紧。

4 把牵引器放在地板上。围绕"势能"和"动能"描述发生的现象。

声能

你听到过喷气式飞机起飞时的声音吗？有时飞机产生的噪声非常大，以至于让人无法听到其他声音。

声音通过空气传播

声音是一种能量，由物体的振动产生，当物体振动时，周围的空气也会振动，这些空气中的振动以声波的方式传播。喷气发动机会产生大量的声能，当发动机离你很近时，声音会非常大，但是有时即使飞机离你几千米远，你也可以听到它的噪声。

物理小百科探索　　　　"看见"声音

你可以通过这个实验来证明声音可以通过空气传播。

请准备

- 1块透明保鲜膜
- 1根橡皮筋
- 1个钢勺
- 大米若干
- 1个空玻璃瓶
- 1个金属托盘

1 拉伸保鲜膜，紧盖在玻璃瓶的开口端，用橡皮筋固定保鲜膜的位置。

2 在保鲜膜上撒一些米粒。

3 将金属托盘靠近玻璃瓶，然后用勺子敲击托盘。发生了什么？在你的笔记本上记下你的观察结果，解释一下你看到的现象。

机场跑道上的工作人员需要佩戴耳部防护罩，以保护耳朵免受飞机引擎产生的噪声的伤害。

振波

　　想象一下当你往平静的水中扔一颗鹅卵石所产生的涟漪。如果这个湖足够大，涟漪会变得越来越小，直到在抵达湖边之前消失殆尽。同样，声音也以波的形式传播，就像湖里的涟漪，传出越远，变得越弱，波的能量也变得更加分散。

　　科学家以分贝为单位来测量声音的强度。轻声细语的音量大约有20dB，大型喷气式飞机起飞时发出的噪声近距离测量约140dB。如果声音超过140dB，就很危险了，会严重损害你的听力。

猫咪的呼噜声非常轻柔，而大型喷气式客机制造的噪声则非常巨大、刺耳。

电磁能

无线电波

微波

红外线

可见光

紫外线

X光

伽马射线（γ射线）

你认为空气是由什么组成的？空气是由许多微小且快速移动的粒子组成的。电磁波也通过空气传播，电子波携带的能量属于电磁能。电磁波的种类十分广泛。

有些电磁波振动得非常快，这些波具有较多的能量；其他的波振动缓慢，能量较少。能量最大的电磁波被称为X光，医院的器械使用X光来照射人体，探查人体内部情况。当拍摄X光照片时，你的身体会接收到非常短的X光的能量冲击。

这些彩色的线条代表电磁波的整体范围，γ射线的能量最大，无线电波能量最小。

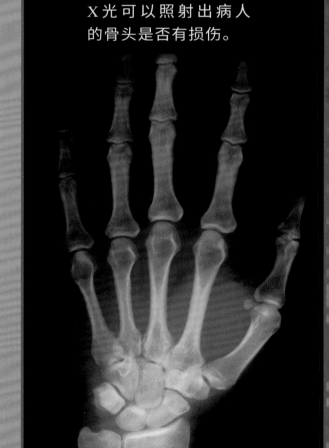

X光可以照射出病人的骨头是否有损伤。

电磁波的传播速度

　　电磁波有很多种，不过从某种程度上来说，它们都很相似。在太空中，电磁波以光速传播——大约 3×10^5 km/s，可以在1s之内环绕地球7圈以上。当你在5000km外的电视上观看体育赛事的实况转播时，你看到画面的时刻几乎和现实中运动员实际比赛的时刻完全一致。

　　来自太阳的光波大约需要8min才能到达我们所在的地球，其他恒星甚至需要更长的时间。除了太阳以外，光波从最近的恒星到达地球大约需要4年的时间，因此，科学家们说这颗恒星距离地球4光年。

　　光能和热能通过空气以不同的电磁波的形式进行传播。太阳光以光波的形式到达地球，太阳的热量则以红外线波的形式传播，无线电波给我们带来了广播和电视节目。

恒星

光波

太阳

光波

地球

电磁波可以在1s之内绕地球7圈以上，太阳发出的光波到达地球大约需要8min，而从其他恒星发出的光波则需要几年才能到达我们身边。

能量的转化

你还记得那个被放在高架上、具有势能，或者说存储了能量的小球吗？如果你把球从架子上推下去，它的势能将转化成动能。

每种能量都可以转化成另一种能量。煤是一种蕴含了化学能源的燃料，当煤燃烧时，里面的化学能将转化成热能。

游乐场里的过山车沿轨道下降时，它的能量则从势能转化成了动能。

物理小百科探索　　摆锤里的能量

注意观察摆锤摆动时的能量变化。

1　用陶泥做一个球作为摆锤的坠物，将绳子一端系在坠物上。

2　把绳子的另一端系在钩子或者其他物品上，使坠物可以自由摆动。

3　给坠物一个推力让它开始摆动。你能分别找到那个摆锤只具有势能和只具有动能的点吗？

请准备

● 1段60cm长的绳子

● 陶泥

当摆锤摆动到顶点时，它只具有势能，几乎没有动能；当摆锤摆动到最低点时，势能则转化成了动能，它几乎没有了势能。

我们可以创造或消灭能量吗

　　能量可以在形式上被改变，但不能凭空产生，也不能被消灭。发电站并不能凭空创造出我们家里需要的电能，而是将燃料中的化学能转化成电能。当我们使用电时，也不是消灭了电能，相反，我们把这种能量转换成了另一种形式的能量，比如热能或光能。

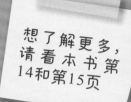
想了解更多，请看本书第14和第15页

物理小百科探索　　　运动中的能量

能量如何从一个物体转移到另一个物体上？

请准备

- 2把椅子
- 陶泥
- 3条绳子，1条长约75cm，另两条长约40cm

1 将长绳系在两个椅背之间，确保绳子像图中一样拉得足够紧。

2 用陶泥做两个重物，用两条短绳分别把每个重物系住。

3 将两个重物系在长绳上。

4 让一个重物开始缓慢摆动。看看第二个重物发生了什么？

视频演示

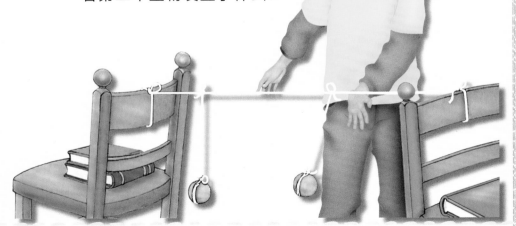

? 很快，第二个重物就会停止摆动，为什么会发生这种情况？过一会儿，第二个重物将再次开始摆动，想想如何解释这个现象，把你观察到的现象记在笔记本上。

能量转换器

想象一下你正在野营旅行，一天结束后，你感觉很疲惫，想要热乎乎地饱餐一顿。你带了些汤和火柴，还带了一口铝制平底锅，附近的树木给你提供了枯枝，可以用来当柴火。

当你生起火加热平底锅，喝掉热汤的时候，一个科学现象便产生了。通过点燃柴火，你把存储在枯枝里的化学能转化成了热能，热能把汤加热了，在你喝完汤之后，身体将汤中的化学能转化为势能，随后转化为动能，用于之后野营旅行的消耗。

身体是一个能量转换器，一些通过摄入食物获取的化学能被转化成了势能，然后变成动能，供你活动使用。还有一些化学能则被转换成了热能，以帮助你维持体温。

能量转换

在家中，我们需要把一种能量变成另一种能量。烤面包机把电能转化成热能；电灯泡把电能转化成热能和光能。环顾四周，很快就会发现家里有许多的能量转换器。

这家人正在利用篝火的热能烤棉花糖。他们吃的食物含有化学能，身体会将这些化学能转化为动能或势能——把能量存储起来以便日后使用。

房子上的太阳能板把太阳能转化成了电能。

新旧能源转换

几千年来，人们制造了许多不同种类的能量转换器，最早的一种是水车，流动的水推动连接在轮子上的扇叶，使轮子转动。水轮机通常与大磨石相连，当水车转动时带动了磨盘，然后研磨玉米或小麦，水车将水落下的势能转化成了研磨谷物的动能。

太阳能电池是一种现代化的能量转换器，它将太阳发出的光能转换成电能。太阳能电池可以给计算器、收音机以及手机供电，也可以用做地球轨道通信卫星的能源。

想了解更多，请看本书第12，13，42，43，46，47页

ENERGY

做功和能量

你知道玩耍的时候你正在做功吗？在科学家看来，任何需要耗用能量的动作都是做功。

做任何功都需要能量。静止的东西，除非对它进行推拉，否则它不会移动；还有些运动的东西，除非有别的东西让它减速，否则它不会停止运动。比如，当你接到一个球，你的手可以感觉到球的推力，好像它还要继续移动一样。惯性发生的原理就是：静止的物体继续保持静止，运动的物体继续保持运动。

推动或拉动物体能改变物体的运动，这种动作叫作力，力需要克服惯性。利用能量可以产生力，用力越多，则需要越多的能量，做的功也越多。

物理小百科探索　　　做功产生的惯性

你可以通过一个简单的实验了解惯性。

请准备

- 1个小模型汽车
- 1张纸

1 把纸放在光滑的桌面上，将纸的边缘对准桌子的边缘。

2 把汽车模型放在纸中间。

3 快速、用力地向你的方向拉动纸张。此时发生了什么？

你可能需要反复进行几次这个实验才能得到完美的结果。

起重的能量

　　当你举起一个重箱子时，你肌肉里的势能就变成了动能。例如，在同样的位移下，你举起一个重箱子要比举起一个轻箱子消耗更多的能量、做更多的功。如果你分别带着5kg和10kg的书爬楼梯，在所爬楼梯数量相同的情况下，携带10kg书所做的功就是携带5kg书所做功的两倍，因为功等于力乘以距离，所以你消耗的能量等于书的重量乘以你移动的距离。

这个印度女人头顶着一摞砖，怀里还抱着孩子，这些动作正在消耗她大量的能量。

导热

你从热可可或其他热饮杯中拿起过勺子吗？有没有发觉勺子很烫，根本拿不住？如果你从来没拿过，那就不要尝试了！如果你这么做了，希望你没有被烫到。拿勺子时你会发现，热量可以通过一些固体材料进行传递，比如通过金属，这种传递方式被称为"热传导"。

为什么勺柄如此热呢？在热饮里，热量从液体传导到了金属勺上。当勺子里的原子受热时，会快速地运动，彼此撞击会更猛烈。原子振动得越快，勺子就变得越热，勺子下方的原子也会与勺子上方的金属原子相互碰撞，然后还会撞击临近的原子以及更上方的其他原子，使其他原子也加速振动。很快，勺子所有的原子都会快速地振动起来。

哎呀！这个金属勺子在热饮里被加热了，金属里的原子把热量导到了勺柄上，勺柄太烫了，根本拿不住！

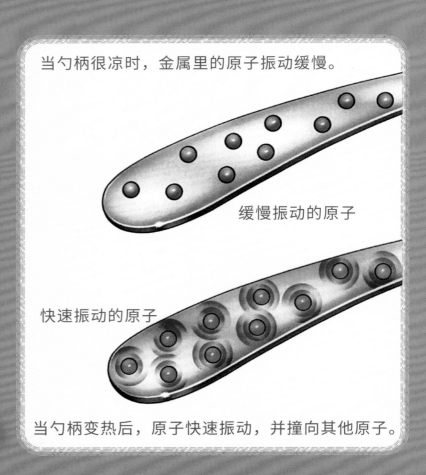

当勺柄很凉时，金属里的原子振动缓慢。

缓慢振动的原子

快速振动的原子

当勺柄变热后，原子快速振动，并撞向其他原子。

什么是导体和绝缘体

　　能传导热量的材料叫作导体，比如金属勺。有些材料比其他材料导热性更好，比如铁、钢和铜等，这样的金属叫作良导体，电流也能很容易地通过这些金属进行传输；其他材料，如橡胶、木材、玻璃和某些塑料等，都是不良导体。不容易导热或导电的材料叫作绝缘体。

冷热防护

　　绝缘体是十分有用的材料。例如，平底锅的把手可以用塑料或木头制成，这就阻止了热量从锅体传导到把手；消防员穿的衣服是由另一种叫作玻璃纤维的绝缘材料制成的，玻璃纤维可以防止火的热量危害到消防员的身体。

　　空气也是一种良好的绝缘体。我们在寒冷的天气里会穿羊毛衫保暖，因为羊毛的纤维之间裹有大量的空气，特殊的隔热内衣里有存储空气的空间，能帮助身体保持热量。你还能想到其他通过绝缘体来隔热或保温的方法吗？

　　消防员穿上热反射服，是为了保护自己免受火焰和热量的伤害。这些衣服由一种阻燃材料制成，并涂有铝或其他金属涂层，用以反射热量。

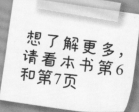

想了解更多，请看本书第6和第7页

能量存储

在世界上的某些地方，严寒天气的初始迹象还未显露，松鼠和睡鼠等动物就已经开始囤积橡子、坚果、浆果和其他食物了。这种行为是由动物体内的化学变化引起的，它们正在为即将到来的寒冷冬季提前做准备。因为到那时，食物会变得异常短缺。

这些动物储存的食物中含有化学能，当动物们吃下这些储存的食物时，食物中的化学成分会逐渐转化为身体里的脂肪，在寒冷的天气里为它们提供能量。同样，一堆柴火或一罐油也是一种能量的存储，我们可以在寒冷的季节燃烧这些存储的能量帮助我们维持室温，这种被存储起来的能量叫作化学能。

在寒冬腊月里，松鼠所储存的食物可以为它们提供能量。

蒸汽火车携带一定量的煤炭或木柴作为能量。当煤或木柴燃烧时，火车便产生了动能，存储在驱动轮中。

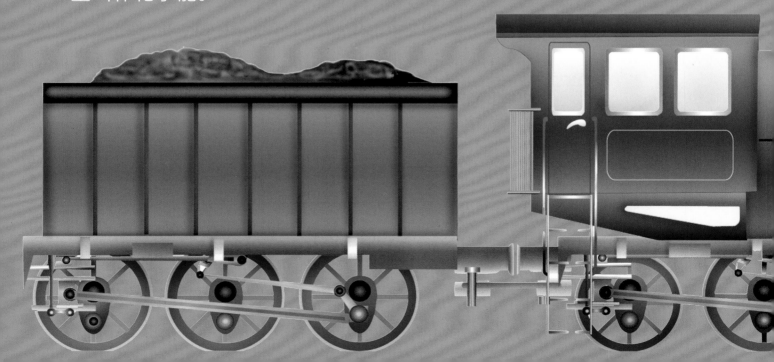

弹簧和飞轮

当你拧动钟表的发条时，能量就会从你身上转移，并存储在钟表里。当钟内的弹簧被拧动后，就变成了一个势能的储蓄所。当弹簧弹开时，势能便以动能的形式释放出来，带动时钟的指针旋转。

有一些蒸汽机使用沉重的轮子来存储能量，叫作飞轮。当蒸汽推动活塞前后移动时，产生了短暂而剧烈的能量爆发，飞轮可以存储这种能量，并平稳地旋转。在移动的蒸汽火车中，能量被存储在旋转的驱动轮里，行驶中火车的重量也存储了能量，因此，虽然活塞能使能量爆发，但重型列车仍然能够平稳地沿着轨道行驶。

电能的存储

电能可以被存储在可充电的特殊电池中，通常这类电池被称为蓄电池，因为它们将电能存储或者收集了起来。

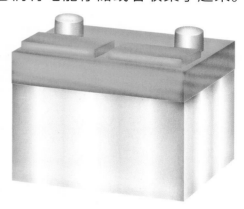

汽车装有充电电池。当汽车行驶时，发动机产生的动能被转换成电能，然后以化学能的形式存储在电池中。我们需要这些存储起来的能量来再次发动汽车，即使关闭了引擎，这些能量也可以用来为车灯供电。

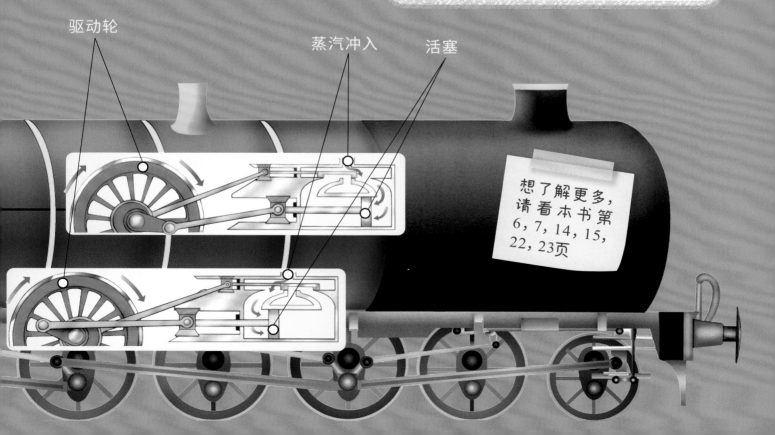

驱动轮

蒸汽冲入 活塞

想了解更多，请看本书第 6，7，14，15，22，23页

ENERGY

能量供给

人类为了生存，日日夜夜都需要能量。工厂使用能量让机器运转；家庭需要能量来制冷、取暖、照明和做饭；夜晚需要能量来照亮城市街道，所有类型的交通工具都依赖于这样或那样的能量。

我们可以通过两种途径来获取能量，一种是利用石油和煤炭等不可再生能源，并将这些能源中的化学能转化为动能；另一种则是利用可再生能源，比如太阳能、风力、水力等。

对于某些类型的能源，我们总会面临一个问题——能源并不能总是在恰当的时间里，恰好在我们所需的地点出现，而且有时能源的产量也不充足。在寒冷的黑夜，我们打开暖气取暖，打开电灯照明，这些通常都是那些以不可再生能源为燃料的发电站为我们提供的能源。

而对于可再生能源来说，情况可能并非如此。太阳能设备在阳光充足时工作状况最佳，而在寒冷的黑夜，太阳能电池可能无法存储足够的能量来为我们提供充足的光和热。在风暴中，可能会产生过剩的风能，但当风平浪静时，可能风力就不足以产生任何能量了。

这些位于美国加利福尼亚州的风力发电机将电能传递给千家万户。

我们如何存储能量

存储能量很重要。我们可以在能源充足的时候存储能量，以备在能源短缺时使用。例如，许多露营者和船主会使用风力发电机为自己供电，风力发电机配备可充电电池，这样，当风力强劲时，电能就会被存储起来，留待风力不足时使用。

电线和管道

我们经常需要将能源从生产或存储它的地方转移到有需要的地方。例如，电线将电能从发电站输送到家庭和工厂；石油和天然气先从地下被运输到平台，然后再通过管道从平台运输出去，这些管道可能在地下或地上绵延数千千米，才能将这些燃料送达家庭、工厂、办公室和农场等各种有需要的场所。

想了解更多，请看本书第4，5，36，37，46，47页

一条运输石油的管道横穿美国阿拉斯加州。石油也可以通过大型油罐车运输。

ENERGY

太阳是一座能量站

你知道太阳其实是一颗星星吗？但是它看起来可比我们在夜空中看见的星星大得多。尽管我们看到的一些星星其实要比太阳还大，但是它们距离地球太远了，所以看起来比较小。

所有的恒星都会产生巨大的能量，就像是一座座能量站。例如，在1s之内，太阳就会将360万吨的物质转化为能量。如果没有太阳的能量，地球将会陷入无尽的黑暗和寒冷。

太阳光非常强，可以损伤你的视力，甚至导致失明。千万不要直视太阳，更不要透过望远镜、双目镜或者太阳镜观察！

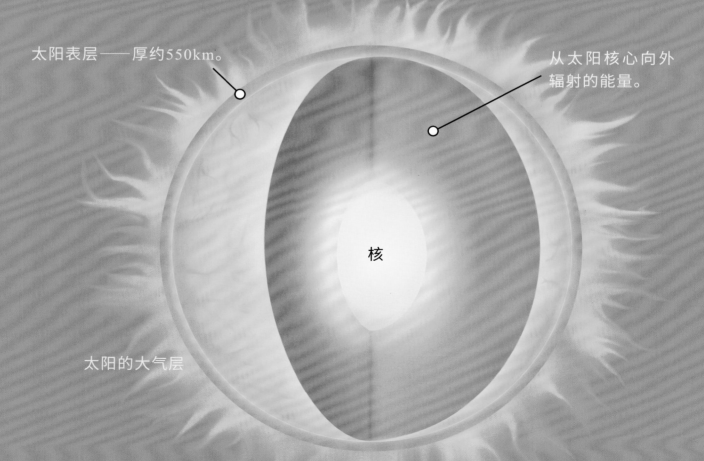

太阳表层——厚约550km。

从太阳核心向外辐射的能量。

核

太阳的大气层

热能从太阳的核心出发，到达太阳表面，能量从太阳表面以电磁辐射的形式释放。

太阳是由什么构成的

太阳是由炙热的物质组成的一个巨大球体，最热的部分在中心，或者说核心。在那里，炽热的温度使氢原子发生变化，称为核聚变。在核聚变发生时，大量的能量被释放出来，这些能量从太阳的核心向外流动，到达太阳表面。

太阳表面就像是一片炙热的气体海洋。太阳的大部分能量是热能和光能，它们向外散发或辐射到各个方向，几乎是我们使用的所有能源的来源。

想了解更多，请看本书第10，11，18，19页

太阳能够将自己燃尽吗

太阳能够产生如此多的热能和光能，那么它会不会像煤或火柴一样把自己燃尽呢？答案是，终有一天，它会将自己燃尽，最终太阳会膨胀成一个巨大的红星，耗尽最后的一点燃料。但是不要担心，那大概是50亿年以后才会发生的事！

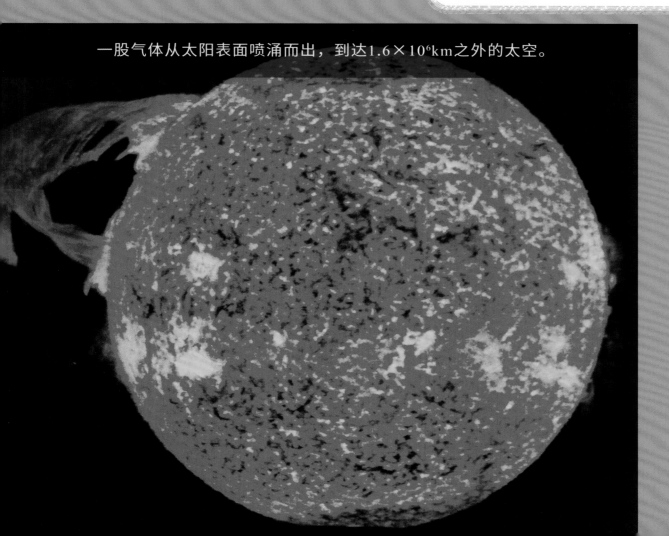

一股气体从太阳表面喷涌而出，到达 1.6×10^6 km 之外的太空。

ENERGY

化石燃料

一块煤存在多久了？煤已经有上亿年的历史了，无烟煤是最古老、最坚硬的煤，大约有4亿年的历史。在那时，地球陆地上的许多区域都被潮湿的、类似湿地的环境覆盖，这种地方被称为沼泽，巨大的树木、蕨类、苔藓和其他植物等都生长在这些沼泽中。当树木和植物的叶子掉落或凋零时，死亡的物质会逐渐长成层层叠叠的腐烂植被。随着时间的推移，来自上方的压力将这些植被挤压在一起形成了一层柔软的物质，称为泥煤。泥煤遍布在世界各处的沼泽和湿地，人们可以将它切割、烘干，并作为燃料。

从地里挖出泥煤并晾干，可以作为燃料。

有时，泥土和沙子被冲刷到腐烂的植被层上，使它们更加紧密地结合在一起，形成了一种柔软的棕色煤，叫作褐煤。随着更多的泥沙堆积，植被被压得更深，地壳内部的运动渐渐将褐煤变成了坚硬的黑色煤炭。有时，如果你仔细观察一块煤，你也许可以看到一个生长在数百万年前的蕨类植物的叶子轮廓。

石油和天然气

石油的形成与煤类似。数百万年前，生活在海洋里的小型动植物死后沉入海底，它们在泥层下面被碾碎，逐渐变成了石油，石油形成时会释放出天然气。石油和天然气逐渐向上移动，一直到达坚硬的岩石层，并被困在岩石下面。

来自太阳的能量

　　煤、石油和天然气被统称为化石燃料，化石燃料是很久以前死去的动植物遗骸形成的。这些动植物在活着的时候，把来自太阳的能量转化成了化学能。当我们燃烧化石燃料时，又将这些化学能转化回了热能和光能。换句话说，我们从这些化石燃料中释放出的能量正是数百万年前太阳发射到地球的能量。

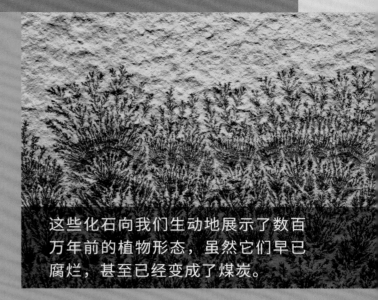

这些化石向我们生动地展示了数百万年前的植物形态，虽然它们早已腐烂，甚至已经变成了煤炭。

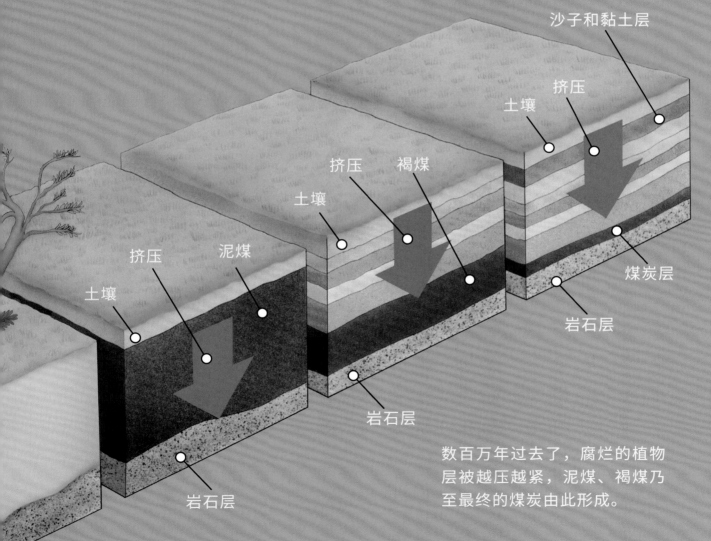

数百万年过去了，腐烂的植物层被越压越紧，泥煤、褐煤乃至最终的煤炭由此形成。

发电

为什么电是最方便使用的能源形式呢？因为电很环保，尽管有些发电的方法并不环保。电可以沿着电线传送很长的距离，也可以转化成其他形式的能量，如热能和光能。如果想要使用输送到你家的电能，只需打开电源开关，或者把电器插到电源插座上就可以了。

世界上电能有很多，但其中大部分是以我们无法利用的形式存在的，例如闪电，闪电中的电能不能被转换成可供人类使用的电能。我们家庭中使用的大部分电能都是由发电站里的发电机生产出来的。这些发电机是真正的能量转换器，可以将发电站的动能转换成电能。动能是通过燃料燃烧、水的流动或强风吹动产生的。

自己发电

你的自行车上有车灯吗？如果有，那么你可能已经拥有了一台简单的发电机，叫作直流发电机，它能够让车灯亮起来。直流发电机包含一个强磁铁和一个线圈，当自行车车轮转动时，线圈在磁极之间旋转，电流开始在线圈中流动。直流发电机将轮子转动产生的动能转化为电能，用来点亮车灯。如果你把自行车翻转过来，用手转动踏板，可以很容易地看到这个现象。

如果你的自行车有直流发电机，那你就能自己发电了。发电站里的发电机和直流发电机的工作原理基本一致。

电线将发电站
的电能输送到
有需要的地方。

什么是输电网

　　发电站生产的电能有一个问题，那就是不易存储。电能一旦产生，就必须沿着电缆或电线被输送到有需要的地方。大多数发电站都与一个叫作输电网的电缆网络相连，当电力需求很大时，例如在非常炎热的天气里需要使用空调时，需要有更多的发电站将电力传输到输电网；当能源需求减少时，一些发电站就会减少发电量。有些国家的发电量超过了本国需求，他们会把多余的电能卖给那些能源不足的国家。

参观发电站

当你乘坐火车、巴士或汽车旅行时，如果路过一个发电站，你很容易就会辨认出来。一般发电站都建有高耸的塔，叫作冷却塔，白烟从塔里倾泻而出，这些白烟是蒸汽与冷空气混合后凝结而成的。

蒸汽能

燃烧煤或石油的发电站有三个主要设备：锅炉、涡轮机和发电机。这种发电站通过燃烧煤或石油，使锅炉中产生热量。锅炉内部与输水管道相连接，水沸腾后变成蒸汽被输送到涡轮机中。涡轮机是由一系列安装在轴承上的轮子组成的设备，每个轮子都有许多像风扇一样的钢叶，蒸汽穿过涡轮机带动钢叶转动。

通过涡轮机后，蒸汽进入冷凝器。冷凝器中装有冷却蒸汽的管道，蒸汽又会变成水，然后被泵抽回到锅炉中，水遇热则再次变成蒸汽。冷凝管中的热水在冷却塔中进行冷却，冷却塔中有一连串的凝水板，水从一个凝水板流到另一个凝水板上面，在与空气接触时持续冷却，冷却水通过冷凝器被回收起来或被排放到储水罐中。

无论是在煤油发电站还是核电站，都会产生可以驱动巨大涡轮的蒸汽。

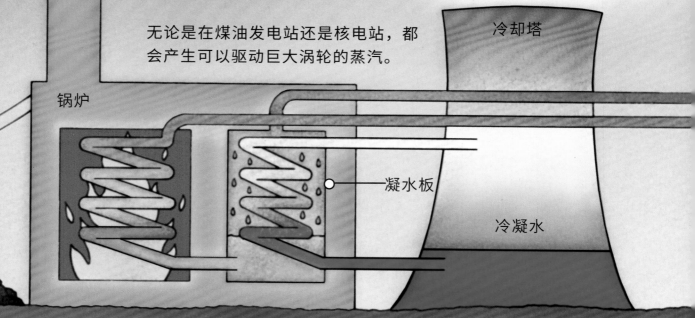

冷却塔

锅炉

凝水板

冷凝水

燃煤发电站产生的一部分热能被用来发电，而大部分的热能都从高耸的冷却塔中流走了。

发电机的内部构造

　　涡轮机的中心杆或中心轴与发电机内部的线圈连接，该线圈或转子随着涡轮的转动而转动。转子在线圈定子内旋转，而定子是固定的，转子在定子内部转动产生电力。

燃料

　　发电站需要大量的水和燃料的供应，因此发电站通常被建在河边或者湖边，以确保水源充足；燃煤电厂有时建在煤矿附近，便于煤炭运输；燃油发电站则通过管道来获取石油供应。

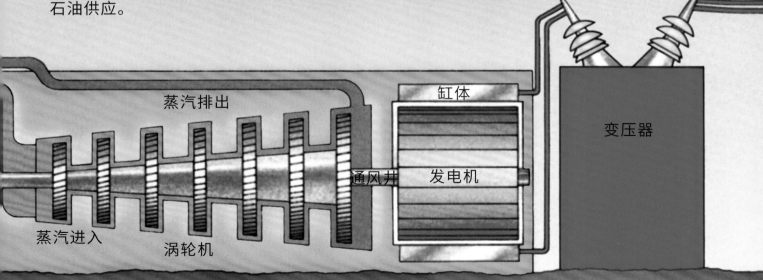

核电

核能是宇宙中已知的最强大的能量形式。核能有两种产生方法，这两种方法都会释放出超级巨大的能量。其中，一种方法是分裂原子核，这个过程叫作核裂变；另一种方法是使两个原子的原子核结合或聚合，称为核聚变。在太阳内部，核聚变每时每刻都在发生。

1938年，科学家首次分裂了原子核。迄今为止，建造的所有核电站都是利用核裂变产生的热量来发电的。科学家们仍在寻找一种能够通过核聚变获取能量的安全方法，如果他们发现了这种方法，我们就会拥有核聚变燃料发电站。在生产核能方面，核聚变会比核裂变更安全、更经济。

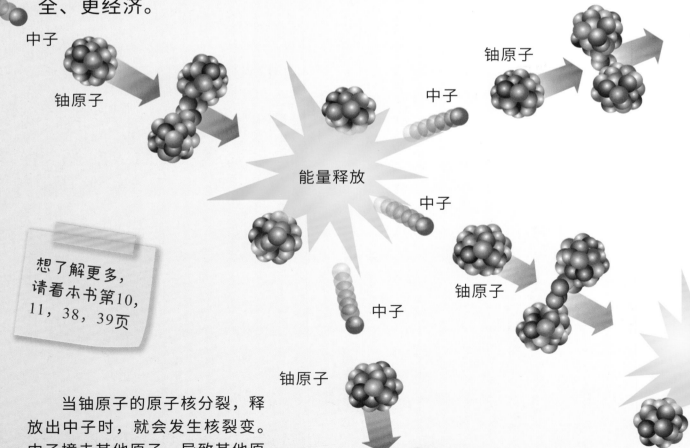

中子

铀原子

铀原子

能量释放

中子

中子

铀原子

中子

铀原子

想了解更多，请看本书第10，11，38，39页

当铀原子的原子核分裂，释放出中子时，就会发生核裂变。中子撞击其他原子，导致其他原子也进行分裂，以此类推，这个持续的过程被称为连锁反应。

能量释放

世界上有430多座核电站，它们的发电量约占世界发电总量的11%。

核电站的工作方式与石油或燃煤发电站类似，这两种发电站的区别在于它们用来加热锅炉的燃料不同。在核电站内部，核裂变发生在一个叫作反应堆的设备核心处，能量通过核裂变被释放出来，加热锅炉中的水，水沸腾产生蒸汽，蒸汽带动巨大的涡轮，涡轮驱使发电机发电。

核裂变必须小心加以控制。反应堆内的燃料是一种叫作铀的金属，当一个铀原子的原子核分裂时，释放出来的中子会撞击其他铀原子，使它们也产生裂变，从而释放出更多的能量。

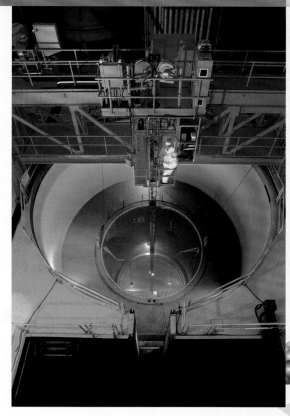

在核电站的反应堆里，铀原子的原子核在裂变。

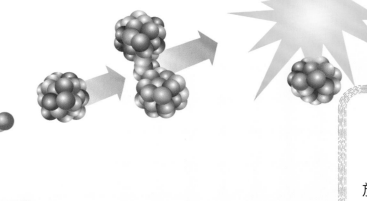

安全第一

核反应堆还会释放出另一种放射性能量，如果放射性物质泄漏到大气中，会迅速对人类以及动植物造成一系列严重的伤害，这就是把核反应堆密封贮存在钢筋混凝土加固的构筑物里的原因。

水力发电

你知道发电站不通过燃烧煤、石油或使用核燃料也能发电吗？要怎么做呢？发电站可以利用发电机将水的势能转化为动能，然后再转化为电能，这种发电站叫作水力发电站。

水驱动水轮

水力发电站通常被建在雨量充沛的山区，一座横跨河流的大坝将水围挡成一个巨大的水库，通过水管将水向下输送到与发电机相连的水轮上，这种装置被称为水轮机。水轮机有两种，分别是脉冲水轮机和反作用水轮机。在脉冲水轮机内部，水流到桨轮的轮扇或桨叶上，迫使其转动；在反作用水轮机中，水从固定在轮子上的喷嘴里喷出，带动轮子转动，水轮机因此将流水中的能量转化为电能。

水坝蓄积的水有很高的势能，当水冲下驱动涡轮机转动时，势能转变成动能。

你可以尝试制作这两种水轮机的简单模型。

请准备

- 1把模型刀
- 1张硬纸板
- 1把剪刀
- 1个软木塞
- 1根金属编织针

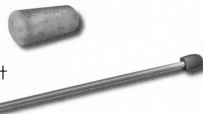

请准备

- 1把剪刀
- 1支铅笔
- 2根棉线，分别长20cm、30cm
- 1个空塑料瓶（薄塑料瓶效果最好）

视频演示

带左侧警告标志的实验需要成年人参与。

冲击式水轮机

1 把针小心地从木塞中间穿过。

2 让成年人帮你在木塞边缘刻6个槽，确保槽不要切到木塞正中心。

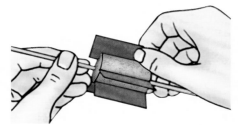

3 用卡纸剪出6片桨叶，插入每个槽中，老照片也是做桨叶不错的材料（在切割老照片之前，确保已得到了允许），这就是你的桨轮啦。

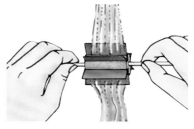

4 松松地握住针的两端，把你的桨轮放在一个拧开的自来水龙头下，它会在你的手指间自由旋转。

反击式水轮机

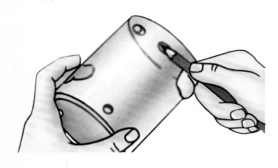

1 让成年人把塑料瓶的顶部切掉，做成一个圆柱，在圆柱底部剪出6～8个洞。

2 把一支削尖的铅笔穿进每个洞中，向一侧拧动铅笔使洞倾斜，再在圆柱顶部做出3个小洞。

3 把短绳两端分别系在圆柱顶部的两个洞里，把长绳系在第三个洞里，然后再系在短绳的中间，把尾部留长一些。

4 把圆筒放在自来水龙头下，往里面注水，水会从侧面流出，使圆筒旋转。

ENERGY

太阳能

　　太阳发射到地球上的能量比数百万座发电站所能转化的能量还要多，而且还不需要任何费用，那么我们怎样才能将它利用起来呢？

　　我们可以利用太阳能为家里的水加热。方法之一是使用太阳能集热板——一种具有玻璃外罩的盒状物。可以把它固定在建筑物屋顶上，朝向太阳。太阳能集热板内部被涂成黑色，因为黑色最易吸收热量，水通过集热板里的管道流动，白天就会被太阳能加热。

物理小百科探索　　　太阳能集热板

　　你可以观察太阳能集热板是如何工作的，选择一个晴天做这个实验。

请准备

- 1块干净的塑料片或玻璃
- 水
- 温度计
- 1个烤盘，可以使用黑色的塑料做内衬

1 在烤盘里装1.25cm深的冷水，用温度计测一下水温，如果没有温度计，可以用手指感受一下。

2 把玻璃或塑料片盖在烤盘上，放在阳光下照射1h。

3 把烤盘盖子拿开，用温度计或手指再次测量温度，水的温度发生了什么变化？

这个太阳能熔炉位于法国南部，它收集的太阳能足以熔化金属。

想了解更多，请看本书第32和第33页

收集太阳的热量

利用镜子反射汇集太阳光线可以产生热量。法国南部的一个太阳能熔炉是一个用来收集阳光的巨大弧形镜，由很多小镜子组成。镜子将太阳能导向一个巨大的熔炉。在美国莫哈维沙漠的一个太阳能发电站使用了数以万计的镜子。

太阳能电池也被称为光伏电池，是由多层材料制成的。当光照射在太阳能电池上时，就会产生电能，太阳能电池把太阳能转换成了电能。手表和计算器里都可以安装太阳能电池，尽管手表和计算器里的太阳能电池是依靠室内照明进行充电的，但我们也说它是太阳能的。较大的太阳能电池可以为距离电力供应站较远的地方供电。大多数人造卫星也是由太阳能电池提供能量的。

许多手表和计算器都是由太阳能电池供电的，太阳能电池也可以为其他电子产品和电器供电。

风能

几千年来，风一直都是一种能源。在蒸汽机发明之前，大多数船舶只能依靠风力鼓帆航行。人们还会利用风车来拉磨、抽水。如今，科学家们再次将目光转向了风力，这次他们将利用风力来发电。

20世纪初，风车就被用来发电了。用风力涡轮机发电很容易，风力涡轮机就是一种简易风车，可以把风力的动能转化为电能。

澳大利亚和北美偏远地区的农民通常使用小型风力涡轮机。在广阔开放的空间，这些涡轮机可以为一部分农家提供所需的电力。但涡轮机有时也会被强风损坏，导致无法运行。

工程师们为了解决这个问题，设计了许多不同种类的风力涡轮机。有些涡轮机看起来像是带有四个叶片或帆板的老式风车，其他更现代的风车有两个或三个叶片，就像飞机螺旋桨的叶片一样。

在北美，人们用这种传统的风车来抽水。

风力涡轮机

一台风力涡轮机可以为大约1500个家庭提供足够的电力。大多数风力涡轮机被安装在塔顶的上端或旋转架上，这意味着当风向改变时，它们可以追踪风向自由转动。

风力发电站是由风驱动的发电站，在世界上的许多地方均已建成。一个大型的风力发电站可能有数百个风力涡轮机，它们并排排列，由电线彼此相连，生产出的电力供应给当地的电网。

这些风力涡轮机的叶片每分钟可以匀速旋转15～20次。

这些风力涡轮机为家庭和工厂供电。

ENERGY

波浪能和潮汐能

你见过暴风雨中的大海吗？海水裹挟着巨浪倾泻而下。海浪有着巨大的能量，有时这股能量大到可以毁坏海边的墙体和建筑，甚至会粉碎岸堤。那么，你知道我们是如何利用海浪的能量的吗？

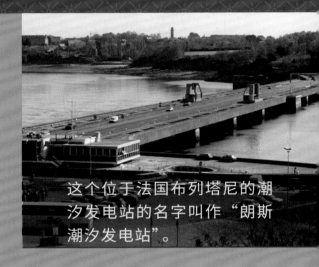

这个位手法国布列塔尼的潮汐发电站的名字叫作"朗斯潮汐发电站"。

海上的浮筏

想要利用海浪的能量，有一种设想是在海上放置一排浮筏，浮筏会随着海浪上下浮动，浮动产生的动能可以被转化为电能。其中有一种浮筏被称作"索尔特鸭"（Salter Duck），是用它的发明者——英国发明家索尔特·史蒂芬的名字命名的。这是一种波浪能转换装置，当海浪经过时，索尔特鸭会上下浮动，这种运动产生的能量可以将水抽入涡轮机中，然后驱动涡轮机发电。

物理小百科探索　　自己制造波浪能

请准备

- 1截约30cm长的硬金属丝
- 1支锋利的铅笔
- 1把模型刀
- 1个大盆
- 适量水
- 5个软木塞
- 珠子或纽扣若干
- 1根编织针或1根烤肉签

1 让成年人把烤肉签加热，在每个软木塞底部的2/3处穿个洞。

2 将金属丝穿过软木塞，在每个软木塞之间加一个纽扣或珠子。

潮汐能

　　大海每天潮涨潮落，潮汐中的能量可以用于水力发电。涨潮时，水被存储在堤坝里；当潮水退去时，水从大坝中流过涡轮机，从而产生了电能。在法国北部、加拿大新斯科舍省的安纳波利斯河，以及俄罗斯的摩尔曼斯克都有潮汐发电站。

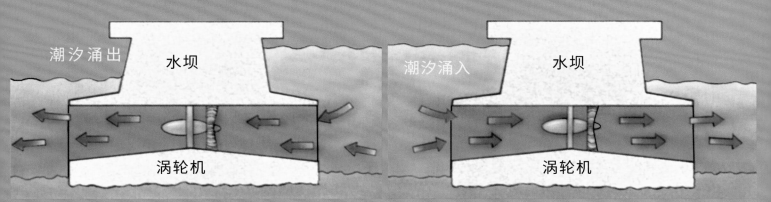

潮水流过涡轮机，产生电能。世界上只有少量的几座大型潮汐发电站，因为修建这种发电站非常昂贵。

⚠ 需要在成年人的陪护下操作。

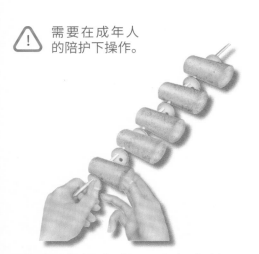

视频演示

3 确保木塞可以自由转动。将金属丝两端弯曲，固定木塞。

4 把这串木塞放在一个盛满水的大盆里。用一只手扶着，让它们保持在水面上，用另一只手制造波浪。看看木塞发生了什么？

ENERGY

热岩

你知道地球中心是什么样子的吗？那里极其酷热，据悉约有7000℃，这一温度足以熔化岩石。这些热量会传递到地心的岩石和岩石层之间的水中。在世界的某些地方，地心热水距离地球表面很近，工程师们将这些热水或蒸汽从地下抽出，从而开发了一种新能源，叫作地热能，意思是来自地下的热能。

冰岛还有热带水果

来自地下的热水可以直接给建筑物供暖，在冰岛有许多温泉，这些热水可以为温室、游泳池和家庭等地供暖，尽管冰岛靠近北冰洋，但那里的居民却可以在温室里种植香蕉和其他热带水果呢!

在冰岛的这些温泉中，热水和蒸汽不断升腾。十多个国家都已经利用这种能量建成了地热发电厂，用来发电，供家庭使用。

这幅图是一个人工湖，图中的背景挤满了地热发电站，地热电厂利用地球的天然热量发电。

发电

冰岛、意大利、新西兰、美国等十几个国家都建立了地热发电站，高压蒸汽从地下冒出来，用来驱动汽轮机发电。

工程师们正试图寻找可以使更多国家能够利用地热能的办法，他们从一个疑问开始着手：如果地表以下的岩石很热，但那里没有水，那么为什么不在岩石上钻个洞，把冷水灌下去，让岩石来给水加热呢？然后，热水可以通过另一个孔洞再次被抽上来。

一些工程师正计划在地下建造地热发电站。在地下，可能需要用一根电缆才能将电力输送到地表。

生物质能

你曾经用木柴生过火吗？在某些国家，人们日常用甘蔗、玉米秆或干燥的谷物来生火，这种可以被转化为能量或成为能源的有机物质被称为生物质。干海藻和干燥的动物粪便也可以用作能源。在发展中国家，生物质是一种用于烹饪和取暖的重要燃料。

生物质中也含有能量，因为动植物在生长过程中会从太阳中汲取能量。某些形式的生物质是可再生能源，例如，如果树木被作为燃料砍伐掉了，那我们可以重新种上一棵。生物质还可以用来生产气体和液体燃料，当生物质腐烂时，会自然地产生一种叫作甲烷的气体，人们将甲烷收集起来，在需要时进行燃烧，可以用来做饭、供暖或发电等。

在爱尔兰挖出的泥煤可以作为燃料燃烧。

甘蔗是一种可以酿酒的植物，也可以用作燃料。

想了解更多，请看本书第4，5，34，35页

厉害的甘蔗

生物质能还可以通过其他方法来获得，其中一种方法是用甘蔗来制造汽车燃料。在巴西，大多数新车都使用甘蔗制成的燃料。在热带国家，甘蔗生长得又快又好，当甘蔗通过酵母发酵、煮沸后，会产生一种高能液体，称为酒精。和汽油一样，酒精也可以在发动机中燃烧。

在美国，有一些汽车使用一种叫作乙醇的酒精作为燃料，乙醇是由发酵的谷物或糖制成的。

其他植物，如木薯、小麦，甚至海藻等，都可以被转化成酒精。

汽车可以使用乙醇作为燃料，这种燃料可以从几种不同的农作物中提取出来，如谷物或甘蔗。

沼气

死去的动植物会腐烂，例如在沼泽地区，死去的植物会落入水中，当它们腐烂时会释放出一种气体，科学家称之为沼气。沼气同样也可以来自于垃圾、污水和肥料。

在中国，沼气是许多村庄的廉价能源。这台拖拉机便以沼气为燃料，沼气是甲烷和二氧化碳的混合物。

宝贵的甲烷

沼气是一种经常被浪费的宝贵能源。当物质腐烂时，会产生一种混合可燃气体——沼气，其主要成分是二氧化碳和甲烷，甲烷可以作为燃料燃烧。但是大量的甲烷可能会变得非常危险——附近一丁点儿的火花都可能引起甲烷爆炸。如果甲烷能够被安全地收集与存储，那么它将成为一种非常重要的能源。

制造沼气

在其他燃料稀缺或燃料过于昂贵的国家,沼气就变得举足轻重了。一个小村庄可以利用垃圾和污水来产生沼气，人们收集农场动物的粪便,把粪便放在水箱里，一些粪便变成液体后，很快就会释放出甲烷,然后被存储在一个顶盖可膨胀的储气罐中，可以用于家庭烹饪和供暖，或者作为驱动引擎或发电机的燃料。

猪舍

动物粪便

沼气

排气口

储气罐

水

如何收集沼气

致谢

《少年科学家》出版者为在本书中使用的照片向以下摄影师、出版商、代理机构以及公司表示诚挚的感谢。

封面	© Solarseven/Dreamstime	30	© Getty Images
5	© Jewel Samad/Getty Images	31	© Getty Images
6	© Getty Images	33	© Getty Images
7	© Tim Graham Picture Library/Getty Images	34	© Getty Images
8	© Getty Images	35	© Getty Images
10	© Getty Images	37	© Getty Images
13	© AP Images	39	© Getty Images
14	© Getty Images	41	© Getty Images
15	© Getty Images	42	© Getty Images
18	© Getty Images	45	© Getty Images
20	© Getty Images	47	© Getty Images
22	© Getty Images	48	© Getty Images
23	© Getty Images	50	© Getty Images
25	© AFP/Getty Images	51	© Getty Images
27	© Getty Images	52	© Getty Images
28	© Getty Images	53	© Getty Images

插图绘制人员

Martin Aitchinson
Nigel Alexander
Hemesh Alles
Martyn Andrews
Sue Barclay
Richard Berridge
John Booth
Lou Bory
Maggie Brand
Stephen Brayfield
Bristol Illustrators
Colin Brown
Estelle Carol
David Cook
Marie DeJohn

Richard Deverell
Farley, White and Veal
Sheila Galbraith
Peter Geissler
Jeremy Gower
Kathie Kelleher
Stuart Lafford
Francis Lea
John Lobban
Louise Martin
Annabel Milne
Yoshi Miyake
Donald Moss
Eileen Mueller Neill
Teresa O'Brien

Paul Perreault
Roberta Polfus
Jeremy Pyke
Trevor Ridley
Barry Rowe
Don Simpson
Gary Slater
Lawrie Taylor
Gwen Tourret
Pat Tourret
Peter Visscher
David Webb
Gerald Whitcomb
Matthew White
Lynne Willey

少年科学家
物理小百科

光和电

[美]世界图书出版公司 编著
燃点时光工作室 译

清华大学出版社
北京

北京市版权局著作权合同登记号　图字：01-2022-1886
版权所有，侵权必究。举报：010-62782989，beiqinquan@tup.tsinghua.edu.cn。

图书在版编目（CIP）数据

少年科学家 . 物理小百科 / 美国世界图书出版公司编著；燃点时光工作室译 .—北京．清华大学出版社，2023.2
书名原文：Young Scientist
ISBN 978-7-302-60583-6

Ⅰ . ①少⋯　Ⅱ . ①美⋯　②燃⋯　Ⅲ . ①科学知识—少年读物　②物理学—少年读物　Ⅳ . ① Z228.1　② O4-49

中国版本图书馆 CIP 数据核字 (2022) 第 064551 号

责任编辑：陈凌云
封面设计：燃点时光工作室
责任校对：袁　芳
责任印制：杨　艳

出版发行：清华大学出版社
　　　　　网　　　址：http://www.tup.com.cn, http://www.wqbook.com
　　　　　地　　　址：北京清华大学学研大厦 A 座　　　　邮　　　编：100084
　　　　　社 总 机：010-83470000　　　　　　　　　　邮　　　购：010-62786544
　　　　　投稿与读者服务：010-62776969, c-service@tup.tsinghua.edu.cn
　　　　　质量反馈：010-62772015, zhiliang@tup.tsinghua.edu.cn
印 装 者：当纳利（广东）印务有限公司
经　　销：全国新华书店
开　　本：212mm×272mm　　　　印　　张：15　　　　字　　数：323 千字
版　　次：2023 年 2 月第 1 版　　　　　　　　　　印　　次：2023 年 2 月第 1 次印刷
定　　价：152.00 元（全四册）

产品编号：095757-01

目录 CONTENTS

光从何而来

太阳是地球上最重要的自然光源。每个白昼，它都给地球带来光明和热量。

图为熔化的蜡油为烛芯所吸收，燃出火苗，发出小小的光和滚烫的热。

图为发出白光的荧光灯。在发出同样亮度的光时，荧光灯比普通灯泡耗电更少。

紧闭双眼——我们所能看到的是漆黑一片。现在再将双眼睁开，如果正值白天，我们将看到阳光普照大地，洒满了我们身边每一个角落。

自然光

任何能发出可见光的物体均称为光源。自然界已存在的而不是由人类制造的光源，称为自然光源。太阳和星辰均在此列。整个白昼，太阳的光芒照亮了地球。当夜幕降临的时候，如果天空晴朗无云，我们能看到繁星在头顶上闪耀。除此以外，地球上还有其他形式的自然光源存在，如会在黑暗中发光的各种昆虫，或在海洋深处发光的某些鱼类。

人造光

许多光源不是自然界已存在的，而是由人类制造的。这些光源均称为人造光源。电灯、手电筒、蜡烛均可产生人造光。人们使用人造光来拍摄电视节目和电影。在城市的街道上，人造光源尤为常见，如汽车头灯、一排排整齐的路灯等。光给我们带来了光明，此外它还可以用来切割金属或进行外科手术。而让阳光照射皮肤即晒太阳，则有助于我们体内合成维生素D并保持身体健康。

光和热

环视一下我们所处的房间，能找出多少会发光的物品？我们不妨制作一张家庭光源统计表，列出光源清单，上面注明每种光是什么颜色，以及发热与否。

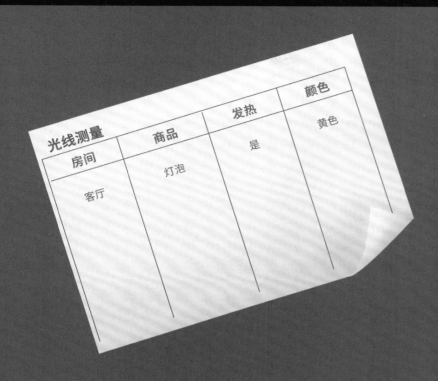

光线测量	商品	发热	颜色
房间		是	黄色
客厅	灯泡		

我们或许会发现，房间里有许多用品是可以发光的。那它们会发热吗？

颜色

不同的物品所发出的光的颜色不大一样。燃气灶的火焰呈蓝色，手电筒的光束大多呈黄白色，而在手电筒电池电量耗尽时灯泡则呈暗橙色。

产生的热

当我们将手置于一个电灯泡附近5cm处时（注意千万不要触及该灯泡），能感觉到灯泡所发出的热吗？如果能，那是因为灯泡利用电或电能产生了光和热。灯泡发出的光是有益的，而产生的热却是无益的，属于能源浪费。

荧光灯将电能更多地转化成了光，产生的热则少得多。当我们将手靠近一个荧光灯时，我们感觉到它不那么热，甚至感觉不到热度。

光是如何传播的

光是一种什么物质呢？简单来说，光是由某种微小的粒子，即光子组成的。光子以波的形式传播，因此光以光源为中心向四周均匀扩散。太阳的光波必须经过约1.5亿千米才能到达地球。每束光波都沿直线传播，除非有物体阻挡使之改变方向。使光改变传播方向的方法有很多种，反射便是其中之一。

反射

光在空气中是沿直线传播的，除非有物体使之偏折。如果我们拿起手电筒来照射镜子，我们就会看到光束是如何被光滑的镜面反射并改变方向的。

想了解更多，请看本书第16和第17页

来自太阳的光线沿着直线传播，直达水面。阳光经水面反射后，向各个方向传播，产生了波光潋滟的效果。

使光发生反射

如右图所示，我们不妨站在门外，手持一面镜子，将手伸入门内。这样一来，房间里的景象便呈现在镜子中。这是由于房间内的物体反射的光被镜子再次反射进入到我们的眼睛里。

在右图和全书其他示意图中，光均以直线的形式来展示。直线上的箭头表示光的传播方向。

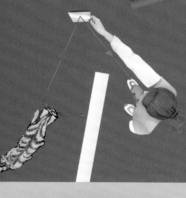

物理小百科探索　　光的直线传播

可以用手电筒来展示光是如何沿直线传播的，该实验最好在晚上进行。

请准备

- 1根大头针
- 1张黑色厚纸
- 1只手电筒
- 胶带

1 展开黑色厚纸，用大头针在它的中央扎一个小孔。

2 将该纸覆于手电筒灯罩上，并用胶带将其固定。

? 如果光不沿着直线传播，光射出小孔后将分散开来，使房间更加明亮。而本实验中，针孔射出的光只使很小的区域变亮。

3 关闭室内所有光源，将手电筒打开并对着一面墙壁。墙上将只有一块很小的区域变亮。

4 撕去该纸，再次将手电筒对着墙壁。这次墙上变亮的区域要大得多。

白光中的单色光

下次我们看到天空中的彩虹时，不妨仔细观察一下它的颜色。我们将发现彩虹最外层呈红色，最内层呈蓝色或紫色。有时我们会在彩虹上方看到另一道彩虹，只不过这道彩虹颜色发暗，而且颜色的排列顺序恰好相反。

想了解更多，请看本书第14和第15页

彩虹是怎样形成的

阳光看起来并没有颜色，我们一般称之为白光。但实际上它是由多种不同颜色的单色光组成的。我们看到的彩虹其实是白光穿过空气中飘浮着的大量雨滴后形成的。

彩虹的颜色包括红、橙、黄、绿、青、蓝、紫，以及它们之间的各种过渡色。而白光正是彩虹的所有这些单色光的混合体。当白光和雨滴相遇时，它的传播方向就会发生改变，而这种传播方向的变化称为折射。由于白光中各种单色光改变的方向不同，于是白光就被分解成了多种颜色的光。

图为一束光通过三棱镜时，发生了偏折。该三棱镜将光分解为色彩缤纷的各种单色光。

物理小百科探索   在家中制造彩虹

我们可以利用一种具有特殊形状的实心玻璃三棱镜来制造彩虹。如上页图所示即为三棱镜。白光照射到三棱镜一侧，在玻璃中传播时发生了偏折。当光线从三棱镜另一侧射出来时，光线被折射并被分解成不同颜色的光。天气晴好时，我们也可使用一面镜子来制造彩虹。

请准备

- 适量水

- 陶泥

- 1张白色卡片或厚纸

- 1个浅底盘

- 1面小镜子

1 往浅底盘中倒入适量水，水深约2.5cm。将浅底盘放在窗边，拉上窗帘，使一缕阳光斜射进来。

2 如图所示，将镜子呈一定倾斜角度放入水中，可用陶泥保持镜子斜立。移动浅底盘，使阳光直接照射在镜子上。

? 扫视一下房间的各个角落，来找找实心玻璃制成的装饰品吧。将这种装饰品置于阳光下，能看到像彩虹那样的缤纷色彩吗？这种装饰品怕摔易碎，请小心轻放，注意安全。

3 在浅底盘和窗户之间移动卡片，直到上面出现彩虹。我们或许要移动浅底盘，使镜子、卡片和阳光形成适当角度，以达到更好的实验效果。

视频演示

彩色物体

环视家中的各个角落，我们会注意到室内有五彩缤纷的颜色。多彩的颜色使我们的房间变得赏心悦目。

我们是怎样看到这些缤纷色彩的呢？诸如阳光这样的白光，是彩虹中所有单色光的混合体。当阳光照射在白色物体表面时，所有单色光均被其反射回来进入我们眼中。而不反射任何单色光的物体表面则呈黑色，这是因为所有的单色光均被该物体表面吸收了。

想了解更多，请看本书第4～7页

怎样改变物体颜色

当阳光照射在向日葵上时，花瓣吸收了除黄光以外的所有单色光。向日葵之所以在我们眼中呈黄色，是因为黄光被向日葵反射得最强烈。

在不给向日葵涂颜料的情况下，我们怎样来改变向日葵的颜色呢？我们可用单色光来照射它。如果用蓝光来照射向日葵，则其看起来几乎是黑色的。这是因为蓝光被吸收，而不能被反射回来。向日葵之所以不能反射蓝光，是因为这种光线中并没有黄光。于是看起来就像蓝光带走了向日葵的黄色。

这些向日葵反射了黄光。光谱中的其他单色光均被向日葵花瓣所吸收。

当白光照射在白色物体表面时，光谱中的所有单色光均被反射回来，使该物体看起来呈白色。

黄色物体表面吸收了除黄光以外的所有单色光。

该物体表面呈黑色，不反射任何单色光。所有单色光均被该表面吸收。

物理小百科探索   改变物体颜色

我们可使用手电筒和彩色塑料来进行下面这个有趣的实验。所用塑料需能让单色光穿透。这种塑料我们通常称为半透明塑料。

请准备

- 几片（张）半透明彩色塑料或纸张
- 胶带
- 1只手电筒
- 几种彩色物体

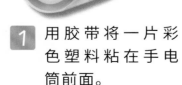

 用胶带将一片彩色塑料粘在手电筒前面。

将手电筒的光束依次照射在各个彩色物体上，并记录下物品颜色的变化。例如，写下"蓝光使黄色物体看起来像黑色"。请使用所有彩色塑料来测试各个物品。

不可见光谱

光是一种可通过空间进行传播的能量。光能一般被称为辐射能。辐射能分为许多不同的种类。由太阳发出的辐射能，只有一小部分能被肉眼看到，这一部分称为可见光。而我们肉眼看不到的部分，则称为不可见光。

辐射能是由称为电磁波的能量波组成的。光便是电磁波的一种。无线电波、微波、紫外线和红外线都属于电磁波。这些波一同构成了电磁波谱。电磁波谱是由可见光谱和不可见光谱组合而成的。

紫外线

太阳是紫外线最主要的天然来源。太阳辐射出的紫外线，绝大多数没有抵达地球表面。对于地球上的生物来说，紫外线有很大的益处，但也有一定危害。

假如穿过地球大气层的紫外线远高于目前水平，则地球上的大部分动植物可能会被摧毁。幸运的是，大气层深处有一种气体层——臭氧层。臭氧层可阻止大部分紫外线到达地球表面。

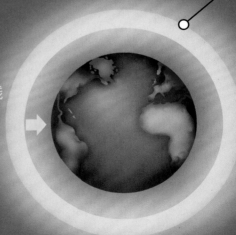

臭氧层

太阳辐射出的紫外线

地球周围环绕着一层气体保护层——臭氧层。臭氧层可阻止大部分有害的紫外线到达地球表面。

紫外线的利与弊

虽然我们看不到紫外线，但它却对我们的生活有很重要的影响。例如，我们需要紫外线照射皮肤来帮助我们体内合成维生素D。而维生素D是骨骼和牙齿生长发育所必需的物质。

不过紫外线有利也有弊。过度地暴露在紫外线下会导致晒伤甚至皮肤癌。

皮肤能生成一种叫作黑色素的物质，来保护我们的身体免受过多紫外线的伤害。如果暴露在强烈的阳光下，人体皮肤生成的黑色素会增加，颜色将变黑。人体只有在生成足量黑色素的情况下才会免遭紫外线晒伤。此外，我们也可以使用含阻挡紫外线成分的防晒霜来避免紫外线对皮肤的伤害。但我们保护自己免受紫外线影响的最佳方法仍是不要过度暴露于阳光下。

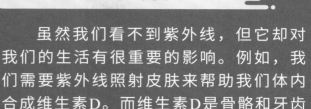

想了解更多，请看本书第12和第13页

太阳辐射出的紫外线大多被包围地球的臭氧层所吸收。如上面这张卫星图所示，白色区域代表臭氧浓度最低（白色洲际分界线除外），而橙色和红色区域代表臭氧浓度高。你看到北极上空的臭氧层空洞了吗？

 为了避免紫外线的伤害，不要将皮肤长时间暴露在阳光下。一定要使用含有防晒成分的乳液。

如上图所示，这名牙医正在用紫外线灯给患者检查牙齿。他们均戴着护目镜，以屏蔽紫外线潜在的危害。紫外线是肉眼看不见的，它恰好位于光谱上的紫光之外。在上面的检查中，牙医能看到正常光线下看不到的牙齿瑕疵。

红外线

我们虽然看不到红外线，但能感觉到它的热量。当站在阳光下时，正是红外线使我们感到温暖。任何热的东西都会产生红外线。有些动物，比如响尾蛇，可以感知并利用其他生物发出的红外线来捕获猎物。

某些防盗报警器的工作原理，便是通过探测入室窃贼所发出的红外线来实现的。这类报警器应被精确设置，以免因猫等小动物身上的红外线而触发。红外遥控器也是利用此原理控制电视机和家庭视听设备的。

在这张俯瞰小镇的红外航空相片上，你能分辨出哪些是房屋吗？提醒一下，小镇外的树木、草地和其他植物均显示为红色。

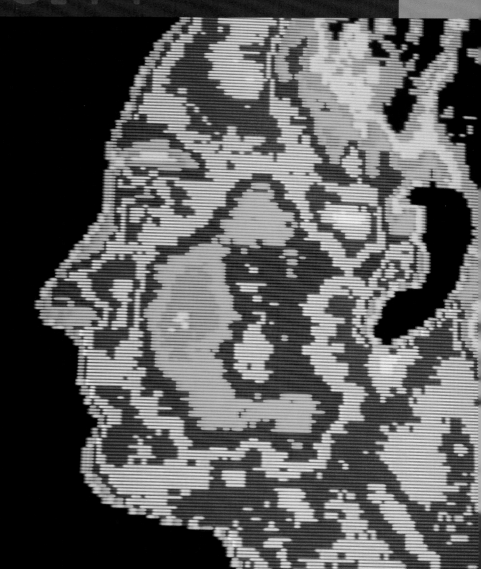

想了解更多，
请看本书第
10 和第 11 页

这张热谱图清晰地显示了人体头部的温度。温度最高的区域显示为白色或黄色，其次是红色，然后是深蓝色、绿色、淡蓝色，而温度最低的区域呈黑色。

红外线的用途

使用对红外线敏感的照相机，可以在完全黑暗的情况下拍摄照片。因为这种类型的照相机拍摄的是"热图像"而不是"光图像"。这种照片用可见的颜色来显示或冲印，这样我们就能看清照片的内容了。

红外线可应用于医学领域。一种特殊的人体红外相片——热谱图，能显示出患病的部位，因其会比健康部位辐射更多的热量。红外线还可用于治疗肌肉酸痛。

从空中拍摄的地面热红外图像能显示出不同的颜色块。这些颜色块并不是大地的真实颜色，相反，它们代表了地面不同程度的红外线辐射量。这种照片也能显示出农作物病虫害。枯死或垂死的植物发出的红外线要比正常生长的植物更少，而这在照片上会显示为特定颜色。

什么是光的折射

当光从一种介质进入另一种介质时，它也可能改变传播方向。当光线从空气射入水中或从水中射入空气时，会在水面发生偏折。这种现象称为折射。

物理小百科探索 利用光"掰断"水中的铅笔

你能使铅笔在不折断的情况下弯曲吗？我们只需将铅笔放入水中，即可使它看起来与被掰断无异。

请准备

- 1个玻璃杯
- 适量水
- 1支铅笔

1 往玻璃杯中倒半杯水，再将铅笔放入，使其斜靠着杯沿。

2 从侧面观察这半杯水。水中的铅笔似乎发生了弯折。

3 现在将铅笔从水里拿出。铅笔完好无损，事实上什么都没有发生。

? 为什么铅笔在水中时会看起来弯折了呢？当光线离开水面时，它的传播速度会加快，传播方向也会改变，之后才射入我们眼中。这才使铅笔看起来弯折了，而弯折点似乎就在这半杯水的水面处。

折射角

光线可以在空气和水中传播，也可以在其他介质中传播。光线在不同介质中的传播速度是不同的。当光线从一种介质进入另一种介质时，会发生折射。

光的折射程度取决于两个因素。一是光的颜色——红光的弯折幅度要比其他单色光更小，而紫光弯折幅度最大；二是光射到另一种介质表面时的角度——入射角。入射角是指入射光线与法线（垂直于介质表面的线）的夹角。折射角是折射光线与法线的夹角。

请再做一次上页的实验，从多个不同的角度对铅笔进行观察。在某些视角下，你将看到铅笔似乎要比在其他视角下弯折得更加明显。

想了解更多，请看本书第4～7页

什么是海市蜃楼

右图为美国沙漠中的一处海市蜃楼。当光线穿过冷空气向下射入地表附近的热空气时，地表热量使光线发生了折射。这使人误以为沙子上有水波，而事实上并没有，这就是海市蜃楼。下图中的男子，看到前方地面上有一朵云，这是天空中云朵射来的光线在他面前的沙子上形成的"海市蜃楼"。

光线

冷空气

热空气

被热空气弯折的光线

蜃景

云朵

镜子的反射

在这片水面上，印度泰姬陵形成了完美的倒影（镜像）。

　　当站在一面镜子前时，我们会看到什么呢？似乎镜子后面出现了一张与我们长得一模一样的脸。我们所看到的正是自己脸庞的镜像。

　　我们能看到周边的事物，是因为光被它们反射回来并射入我们眼中。镜子反射光的效果极佳，因此光从我们脸庞射向镜子时会被镜子反射回来，射入我们眼中。

　　镜子本身只是一块玻璃，不过背面覆有薄薄的金属涂层。正是这层金属涂层使光发生了反射。大多数镜子都是平面的，因此一个物体的反射成像看起来和物体本身的大小及形状是一样的。这种镜子被称为平面镜。

适当角度下的影像

　　当我们面对一面摆放在一定角度下的镜子时，并不总会看到自己的身影，这是因为镜子使光的传播方向发生了改变。潜望镜就是利用这个特点，帮助我们绕过墙角看到另一侧的景象的。在一个长镜筒两端以一定角度嵌入两个反光镜，即可制成简易潜望镜。潜望镜常用在潜水艇上，科学家们也会在实验室里使用潜望镜来观察危险的化学反应。

想了解更多，请看本书第4和第5页

物理小百科探索　　　　制作潜望镜

　　我们不妨自己动手做一架简易潜望镜。

请准备

- 4张纸板，长30cm、宽7cm
- 剪刀
- 1把尺子
- 1支铅笔
- 胶带
- 2面小镜子，长约8cm、宽约6cm

视频演示

1 取两张纸板，每张各选一端剪出一个正方形，边长为5cm。

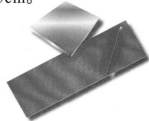

3 沿每条对角线各开一个槽，槽长6cm。该槽必须能使镜子恰好嵌入。

5 折成盒状。

6 用胶带小心包住镜子四角，以免尖角伤人。将小镜子分别放入每对槽口。要使2面小镜子的镜面相对。用胶带粘住槽口，以免镜子滑动。

2 取另两张纸板，在距离两端7cm处各画一条直线后再画一条对角线。

4 把四张纸板如图放在桌面上，用胶带将它们拼接固定。

7 现在我们即可绕过墙角观察另一侧，或从人群头顶上进行观察了。

用望远镜进行观测

你是否曾用过望远镜进行观测？它可使遥远的物体看起来更近。我们甚至可以拥有自己的望远镜，通常为折射望远镜。

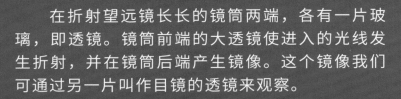

折射望远镜

在折射望远镜长长的镜筒两端，各有一片玻璃，即透镜。镜筒前端的大透镜使进入的光线发生折射，并在镜筒后端产生镜像。这个镜像我们可通过另一片叫作目镜的透镜来观察。

折射望远镜的结构虽然简单，不过其性能却可根据内部透镜的尺寸来调节。世界上最大的折射望远镜的透镜直径可达一米左右。

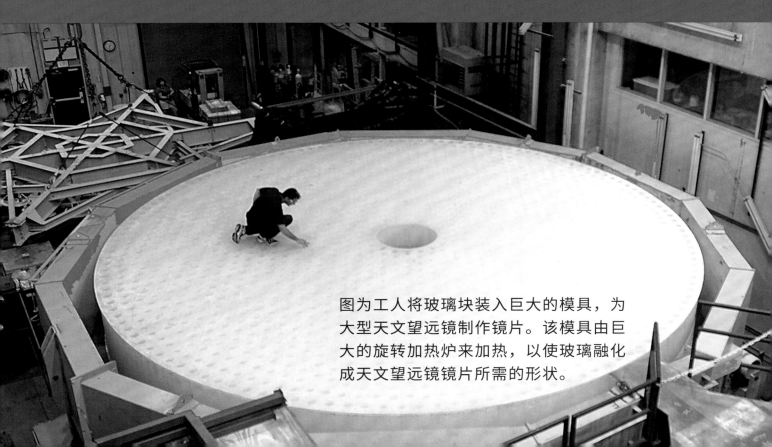

图为工人将玻璃块装入巨大的模具，为大型天文望远镜制作镜片。该模具由巨大的旋转加热炉来加热，以使玻璃融化成天文望远镜镜片所需的形状。

反射望远镜

夏威夷岛上的凯克天文望远镜，是世界上最大的反射望远镜之一。

　　天文学家通常使用的反射望远镜是由曲面镜制成的，这种镜片能比透镜采集到更多的光线。当天文学家在观测遥远的恒星和行星时，曲面镜便尤为重要。夏威夷岛上的凯克I和凯克II天文望远镜是世界上两大反射望远镜。它们利用大型曲面镜形成反射面，其直径可达10m，且聚集光线的性能极强，使我们能够看到远在2.5×10^4km之外的一缕烛火。

　　反射望远镜的主镜是凹面的。这意味着它的表面形似一只碗的内壁。当反射望远镜对准某个物体时，物体发出的光线会被主镜采集和聚焦。然后该光线将被一个或多个其他镜片反射，以便进行观察。

　　大多数天文学家会使用电视监视器或计算机来观察、记录和分析望远镜所捕捉到的一切。

透镜的工作原理

凸透镜使光线向内弯折或会聚。

凹透镜使光线分散或发散。

透镜是一种透明材料，一般呈片状，两个表面至少有一面为曲面。透镜使来自物体的光线发生折射，形成影像。透镜通常由玻璃或塑料制成，并被广泛应用于照相机、望远镜等仪器设备上。

人眼内即含有天然透镜。它们使远近物体在我们眼中形成清晰的影像。

凸透镜和凹透镜

凸透镜中间厚边缘薄，可使从中通过的光线发生折射、靠拢或会聚。凸透镜可使物体看起来更大。

凹透镜中间薄边缘厚，可使光线分散或发散。通过凹透镜来观察物体会使其显得更小。

大型天文望远镜上兼有凸透镜和凹透镜。由凹透镜制成的眼镜可矫正近视。而由凸透镜制成的眼镜则可矫正远视。

物理小百科探索 凸透镜怎样使光折射

请准备

- 1张纸板，大约长15cm、宽10cm
- 剪刀
- 适量水和牛奶
- 陶泥
- 1只强光手电筒
- 1个玻璃瓶
- 直尺

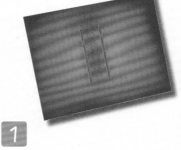

1 拿起纸板并在上面开两条狭缝，每条长5cm，两者相距1cm。

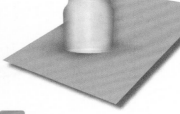

2 往玻璃瓶中倒入适量水，再倒入少量牛奶。打开手电筒，关闭室内灯光。

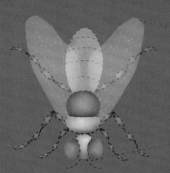

苍蝇放大图像

凸透镜

如果通过凸透镜观察物体，比如一只苍蝇，那么苍蝇看起来会显得比实际尺寸要大。

凹透镜

苍蝇缩小图像

如果通过凹透镜观察苍蝇，那么它将显得比实际尺寸要小。

想了解更多，请看本书第 14，15，18，19 页

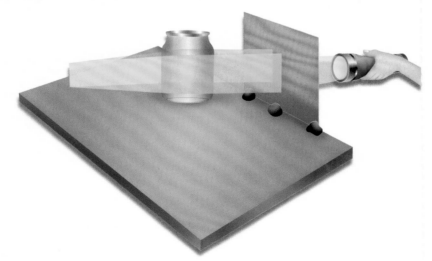

用陶泥将纸板立于桌沿上。用手电筒照射纸板，使光束穿过两条狭缝，投射在玻璃瓶上。玻璃瓶中水和牛奶的混合体将使从狭缝射出的光线靠拢，这种聚光效果类似于凸透镜。

?

可请朋友或家人手执手电筒，重复本实验。将眼睛置于两道光线会聚处，你看到了什么？将你所观察到的结果记录下来。

视频演示

照相机的工作原理

虽然照相机的价格有高有低，但所有的照相机都包括两个主要部件——镜头和图像传感器。光是通过镜头在图像传感器上聚焦从而形成数字图像的。这种图像存储在照相机中，并可在背面屏幕上显示。为了增加操作功能，某些照相机还有额外部件，比如调节镜头焦距或进光量等。请参见右图，来了解照相机的组成部件和它们是怎样协同拍摄照片的。

取景器能显示我们即将用照相机拍摄的景物。某些取景器允许我们同时通过它和照相机镜头来进行取景。数码相机背面有一个屏幕取景器。它可供我们在拍摄照片之前取景，也可供我们在拍摄照片之后进行浏览。

某些照相机只有感光胶片，而没有图像传感器。这种胶片需要经过化学成像处理才能冲洗出照片供人观看。照相机内部的图像传感器对光很敏感。它的表面涂有化学品，当光照在上面时会发生变化并生成电信号。照相机可以存储这些电信号并将其转换成图像。

为确保照相机能够正常使用，照相机壳内衬均采用黑色材料，这样就不会有多余的光线照射到胶片上。

快门可像小门一样开启，使光进入照相机，然后再关闭。快门速度可调节，能按不同时长开启。

想了解更多，
请看本书第
14 和第 15 页

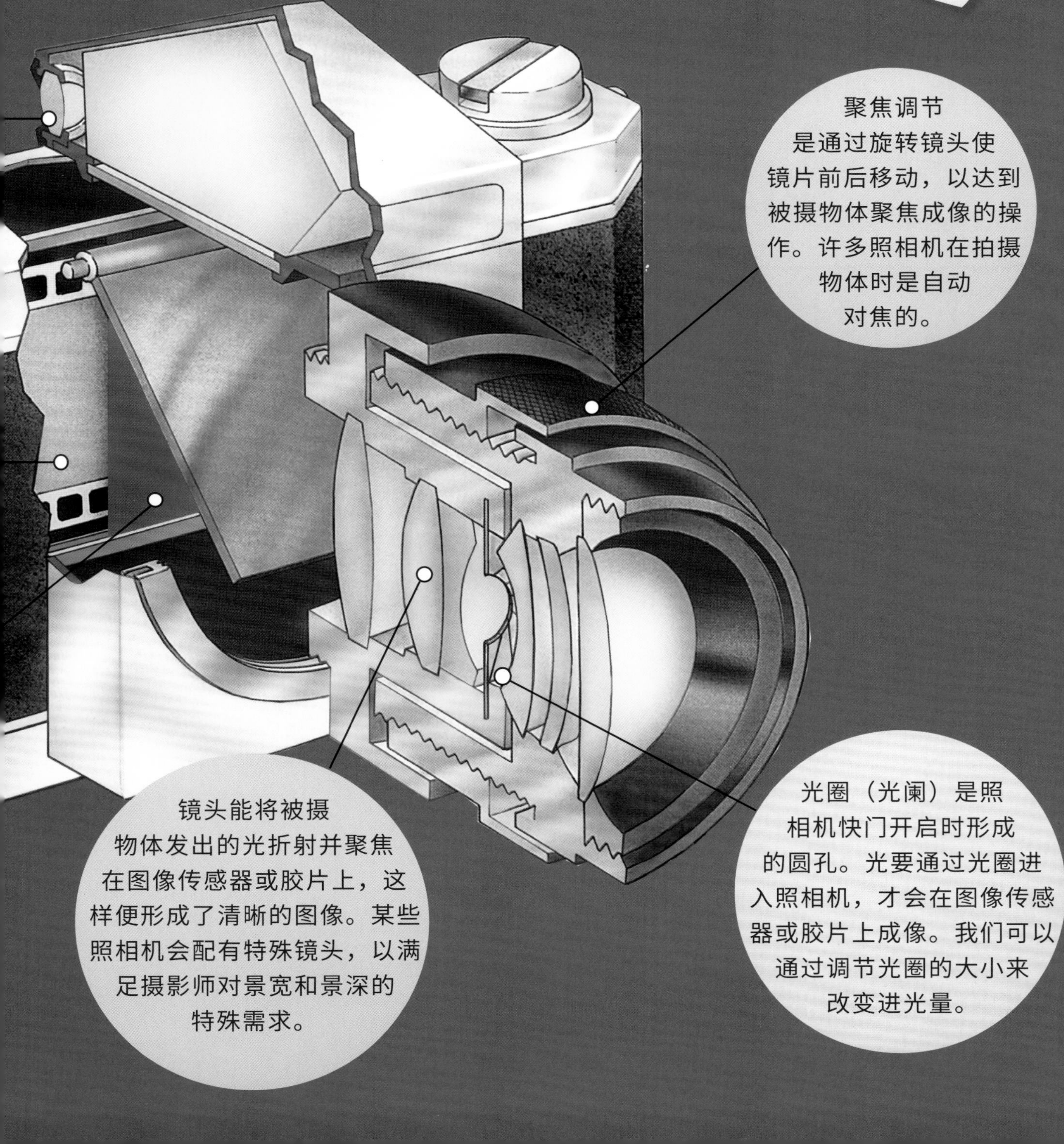

聚焦调节
是通过旋转镜头使
镜片前后移动，以达到
被摄物体聚焦成像的操
作。许多照相机在拍摄
物体时是自动
对焦的。

镜头能将被摄
物体发出的光折射并聚焦
在图像传感器或胶片上，这
样便形成了清晰的图像。某些
照相机会配有特殊镜头，以满
足摄影师对景宽和景深的
特殊需求。

光圈（光阑）是照
相机快门开启时形成
的圆孔。光要通过光圈进
入照相机，才会在图像传感
器或胶片上成像。我们可以
通过调节光圈的大小来
改变进光量。

天空为什么呈现蓝色

日暮时分，太阳低低地挂在地平线上。落日余晖的橙色和红色互相交融，使天空呈现出绚丽的橘红色。

　　天空是什么颜色的呢？晴天时，天空看起来是蓝的。而在清晨时分和日落之前，天空看起来则呈黄绿色，甚至呈橘红色。

　　天空本身其实不具有任何颜色。它是空气的海洋，即大气层，由无色气体组成。在我们看来天空呈现出色彩，是因为阳光在穿过大气层时发生了变化。

散射光

　　空气中飘浮着各种各样的微粒，包括空气分子、灰尘、烟雾等成分。其中许多微粒来自于人类活动，比如燃料燃烧产生的颗粒等。而其他微粒则是天然形成的，比如被强风卷到空中的沙子以及火山爆发时喷出的火山灰和烟雾等。

　　当光波与空气和水中的微粒发生碰撞时，光便分散到各个方向。波长短的光波，比如紫光和蓝光，要比橙光和红光等波长较长的光波更容易分散。当太阳在头顶时，蓝色光波要分散得远比其他任何色光都厉害。这便是天空为什么看起来是蓝色的。而当天空布满了乌云或烟雾时，各种颜色的光波均分散开来，天空便呈现出灰色。

朝阳和落日

日出和日落时，阳光在大气层中穿行的距离要比正午时分更远。由于受光线折射的影响，太阳便显得又大又圆。波长较短的色光（蓝光和紫光）此时容易被散射，而波长较长的色光（橙光和红光）传播相对不受干扰。于是在一天之中的这些时段，天空通常会变成橘红色。

太阳

当太阳落山时，阳光要穿过大气层才能进入我们眼中。蓝光和紫光在这个过程中逐渐散射，而红光和橙光则顺利穿过了大气层。

地球大气层

正午阳光下的观察者

紫色光波和蓝色光波

夕阳下的观察者

地球

什么是激光

你知道光线能切割钢板吗？哪种光能做到这一点呢？答案是激光。激光产生的光束虽然很细，但是威力巨大。

普通的白光是由多种不同色光组成的，也可说是由多种不同波长的光子组成的。这些光子彼此是不同步的。而在激光光束中，所有光子的波长相同，步调一致，就像训练有素的军队一样。

物理小百科探索　激光是怎样工作的

激光器主要包括三部分：激励源、激活介质和光学谐振腔。光学谐振腔中置有激活介质和两个镜片。其中一个镜片运行时仅反射部分射来的激光。

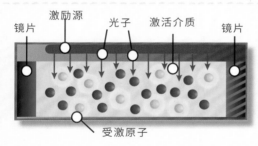

镜片　激励源　光子　激活介质　镜片

受激原子

 当激光器启动时，激励源即发出光子。光学谐振腔中的原子吸收光子，能量密度增加。原子的这种状态称为激发态。

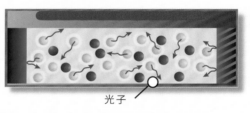

光子

 被激发的原子释放光子。部分光被镜片反射回来，仍处在光学谐振腔中。

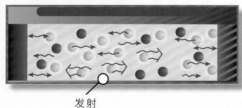

发射

3 单个光子照射受激原子，可使受激原子发出同向传播的"双光子"。这个过程被称为受激辐射。

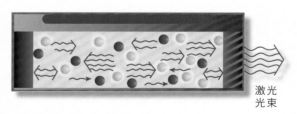

激光光束

4 随着受激辐射的增加，光子数量跃升上百万倍。这种光变得十分强烈，以至于一小部分穿透反射镜的光形成了又强又细的激光束。

户外激光秀是激光的一种应用方式，它能给人带来愉悦的视觉享受。

激光的能量

　　激光光束并不像普通光束那样分散。它的能量只汇聚在很小的幅度内。某些激光光束细到极致，甚至能在针头大小的地方上钻大约200个孔。

　　激光光束的能量是十分巨大的，世界上最强大的激光器——拍瓦[①]激光器，在20世纪90年代投入运转。它当时产生的电力相当于全美所有发电机同时运转所产生的发电量。不过这种电力的持续时间并不长，仅有一千万亿分之一秒！

　　激光常用在特殊光盘上，用来录制音乐、记录电影和计算机数据。在超市的收银台，激光扫码枪可用于扫描商品条形码。而在医院，外科医生用激光进行手术。人们也运用激光测量距离。地质学家利用它探测地面上的小幅移动，以帮助他们判断什么时候会发生地震。

外科医生利用激光进行精细的手术。

---

① 拍瓦是 10^{15} 瓦，即 10^{15} W。

三维立体图

你有没有见过一种图片，将它翻动或绕着它看时，它似乎动了起来。图片上的鸟似乎会飞，物体似乎会旋转。我们父母办理的信用卡上或许就印有这种特殊图片。我们也可以在广告展览中见到它。这种三维立体图被称为全息图。

全息图是从三个维度即长、宽、深来展示物体的。而普通图片是二维的，仅显示物体的长度和宽度，为平面图。

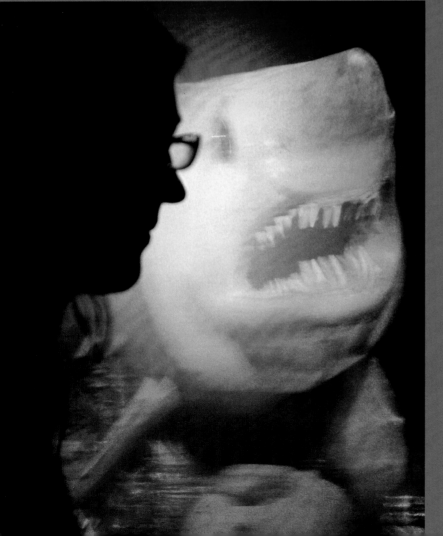

想了解更多，请看本书第26和第27页

全息图可以非常逼真，我们可以从任何角度观看。但如果用手触摸，我们的手将穿过激光光束，破坏整体观看效果。

全息图是怎样形成的

要制作全息图，需将一道激光光束经被摄物反射后投到全息干板上，另一道分出的光束也需照射该干板。这两道光束互相叠加，即会产生由明暗条纹组成的细微图案。

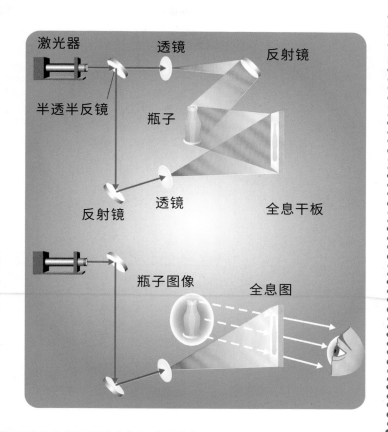

当我们用激光将全息图照亮时，即可显示图案，这种图案似乎是由物体发出的光线组成的，几乎可以以假乱真。

图中标注：激光器　透镜　反射镜　半透半反镜　瓶子　反射镜　透镜　全息干板　瓶子图像　全息图

什么是全息图

全息图是一种用激光制成并能呈现三维立体效果的特殊照片，意为"信息完整的图片"。全息图呈现的物体不仅非常逼真，还十分立体，甚至随着视角的不同而不同，就像真实物体一样。

通常来说，人眼会对同一场景形成不同的图像，帮助你判断所看事物的深度和距离。这样你便可以分辨出哪些物体离你很近，哪些物体只是处在背景中。

在制作全息图时，要将激光照射在被摄物上，这样，物体的图像便被记录在特殊胶片上。激光也会直接投射在胶片上，这种照相底片要用激光或白光照亮，才能看到全息图的还原图像。

这两副眼镜上的图像均为全息图。当全息图被阳光等白光照亮时，其产生的图像似乎会动起来。

光纤

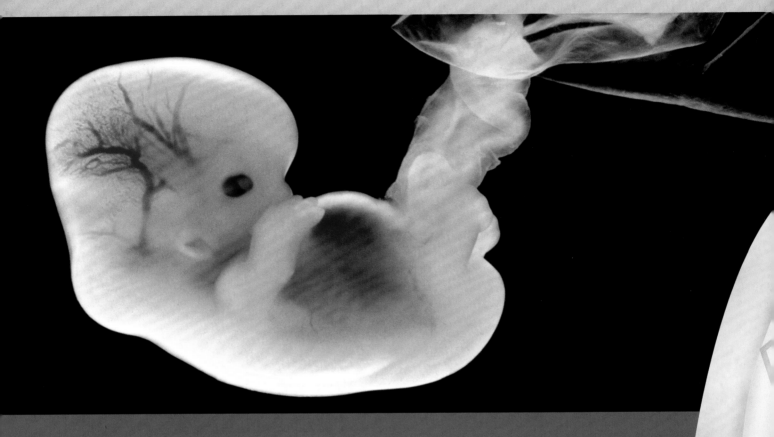

光纤

塑料涂层

如上图所示，腹中胎儿尚未降生，仍在母亲的子宫里发育。这样的照片是怎样拍摄的呢？

这张照片是通过柔韧透明的玻璃丝或玻璃纤维拍摄的。这种玻璃丝称为光纤。它弯而不折，就像我们的发丝一样。如果一道强光从光纤一端射入，它就会从另一端射出，即使光纤长达数千米并像电线那样缠绕，也丝毫不受影响。光在光纤内壁以一定角度沿着光纤轴线的方向进行传播，并在碰到塑料涂层后被反射回来。

利用光纤来检查人体内部的仪器叫作内窥镜。它具有两组光纤，其中一组可将光信号送入体内待检部位，而另一组会将该部位的照片传回给医生。上述照片可以了解胎儿是否正常发育。

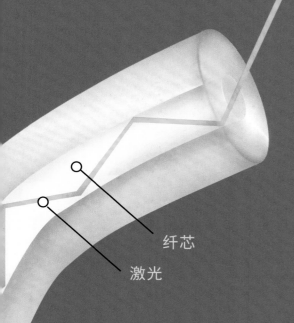

纤芯

激光

什么是纤维光学

　　使用光纤来传输图像和信息的方法称为纤维光学。光纤不仅应用于医药领域，还应用于通信领域。一些有线电视台利用光纤代替线缆来传输图像和声音信号，这些信号需转换成光脉冲才可以进行传输。光纤也被一些电信公司所采用，它比常规铜芯电缆的质量更轻、价格更低、安装更方便。

　　当我们使用传统有线电话进行通话时，我们的语音要转换成电信号，沿着通信线路进行传输。而在纤维光学系统中，这种电信号要转换成激光脉冲并以光速沿着光纤传播，直到抵达光纤另一端才会变回电信号。于是我们便通过电话听筒听到了该电信号所还原的语音。

光纤常用于传输广播信号、电话信号、电视信号和计算机数据等信息。

让电流动起来

? 观察一下我们周围的电线杆，你能看出那上面的绝缘体吗？你认为它们是由什么材料制成的？

随便想出十种彼此完全不同的物品，并列一份清单。我们会惊奇地发现不管这份清单上的物品如何不同，它们都有一个非常重要的共同点，那就是它们均带有电子。电子是一种携带电荷并且肉眼看不见的微小粒子。

电子流称为电流。电流在某些材料中易于通过，但在另一些材料中却根本流动不了。科学家们将这两种不同的材料分别称为导体和绝缘体。容易让电流通过的材料称为导体，而电流不易通过或完全不能通过的材料称为非导体或绝缘体。

高高的金属或木制杆塔支撑着架空输电线路。这种杆塔被称为输电塔。

物理小百科探索　　它是导体吗

怎样判断哪种材料是导体，哪种材料是绝缘体？不妨做项实验辨别一下。

请准备

- 3根塑料绝缘导线，每根长20cm，两端去皮

⚠ 带左侧警告标志的实验需要成年人参与。

- 1把螺丝刀
- 绝缘胶带
- 1节1号电池

- 1只1.5V灯泡及相应灯座

- 一些常见物品，比如牙刷、直尺、钉子、餐叉、铅笔袋、图钉、硬币等

1 取一根导线，将一端用胶带固定于电池顶部。

3 再取一根导线，将一端用胶带固定于电池底部，而另一端暂不连接任何物品。

5 为了确保本实验装置连接正确，请手持导线绝缘部位，将两根导线自由端搭在一起。这时灯泡应点亮。如果将导线分开，灯泡应熄灭。操作中注意不要触碰导线裸露部分。

2 用螺丝刀将导线另一端与灯座任一螺丝相连接。

4 再取最后一根导线，将一端与灯座另一侧相连接，而另一端则暂不连接任何物品。

6 现在就来验证这些物品是不是导体吧。取一个物品，将它置于两根导线自由端之间并与裸线相连接。如果灯泡点亮，那么该物体是导体还是绝缘体呢？请取所有物品，一一进行测试。

7 现在，一些物品已经被证明是电的良导体，请将这些物品名称记录下来。你有没有发现它们均有某种共同之处？所有这些导体都是由同一种材料制成的吗？

电流沿电路循环

你有手电筒吗？你观察过它的内部结构吗？手电筒只有装上电池后才会被点亮。当我们打开手电筒时，电池就会产生电流。正是这股电流通过灯泡才使它亮起来。

什么是电路

当我们打开手电筒时，内部电池中的电子发生移动，随之会产生电流。电流由电池一端流出，经过灯泡，然后流回电池。只要电流能沿着这条路径自由流动，灯泡就会一直亮着。我们将这种路径称为电路。电路中电子移动的方向与电流方向相反。

当手电筒接通时，电流将沿着电路持续流动，循环往复。而关闭开关，则会使电路断开，电流消失，灯光将立即熄灭。

在本书各章节的实验活动中，我们将使用电池来供电。这种电流只能沿着电路的某一方向流动。我们将这种电称为直流电（或简称DC）。

当我们打开手电筒时，内部电池将产生电流。电流沿着电路流动，并点亮灯泡。

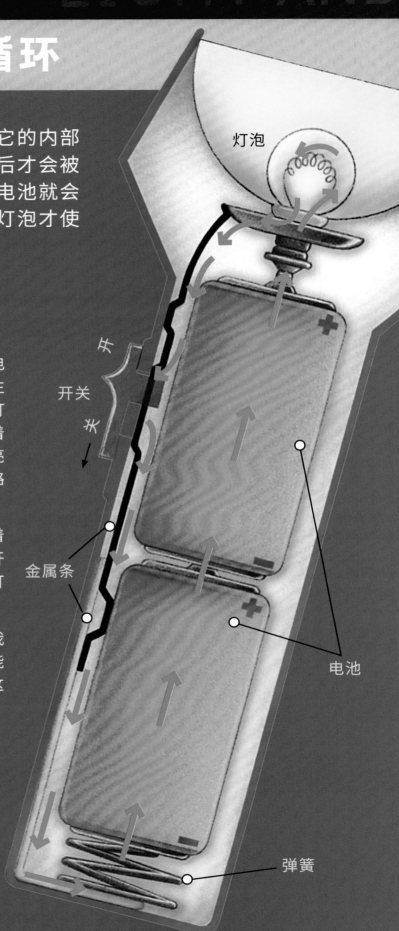

灯泡

开

开关

关

金属条

电池

弹簧

正极端和负极端

电池共有两个连接点供电流输入和输出。这两个连接点即称为端子。在大多数情况下，就像手电筒上的电池一样，这两个端子分别位于电池两端。而在某些情况下，这两个端子却位于电池的同一端。其中标记为+（正）的端子称为正极端，标记为—（负）的端子称为负极端。电子从负极端流出，并从正极端流入。

物理小百科探索　哪幅图片中的灯泡会被点亮

如果电流通路不完整，电流是不会流动的。我们可以自己动手来验证一下。搭建如下图所示的简单电路。你能猜对哪个电路会使灯泡正常点亮吗？

请准备

- 2根塑料绝缘导线，每根长约20cm，两端去皮

- 1把螺丝刀
- 绝缘胶带
- 1节1号电池
- 1只1.5V灯泡及相应灯座

1 取一根导线，将一端用绝缘胶带固定在电池顶部的端子上，并将该导线的另一端与灯座一侧相连接。这样灯泡会被点亮吗？

 带左侧警告标志的实验需要成年人参与。

2 现在请将各种电路依次如下图连接。哪个电路才是完整的电路呢？

电池的内部构造

你知道电池是怎样使手电筒和其他电器工作的吗？当我们打开手电筒时，电流会从电池中流出，经过手电筒灯泡后，又流回电池中。电池由特殊金属和化学物质构成，正是这二者产生了电流。当这些特殊金属和化学物质装在一起时，便组成了电池芯。一个电池可以只有一个电池芯，也可以有多个电池芯。许多如下图所示的手电筒电池，只有一个电池芯。每个电池芯都包括三个主要组成部分。

其中的两个组成部分为固体，这两个部分叫作电极。在碱性电池中，锌筒这一极叫作负极，而另一极则位于电池中间，是由二氧化锰所包覆的碳棒，这一极为正极。第三个组成部分是化学液或糊剂，我们称之为电解质——一种导电物质，它充斥在两个电极之间。

当电池接入某个电路时，电子即从电池底部的负极端流出，经电池正极端流回到电池中。电解质中带电的原子还要发生移动才能形成完整的电路。

随着电池中电流的通过，电池内部的化学物质逐渐发生变化。它们的性能越来越弱，产生的电量也越来越少，最终电池的电量将被耗尽。

碳性电池因使用了不同的电解质而比碱性电池更廉价，但续航时间也相对变短。

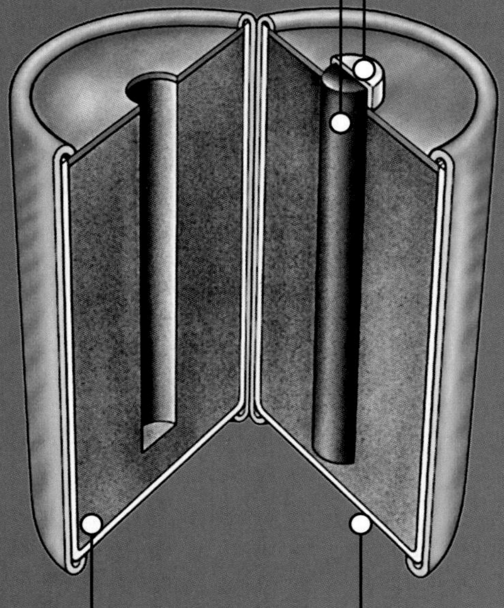

手电筒所用的碱性电池具有圆柱状锌筒，锌筒中间有一根垂直并被二氧化锰包覆的碳棒。碳棒和锌筒作为两个电极来使用。电池的其余部分充满了一种叫作电解质的化学物质。整个电池外面还包着纸质或金属外壳。

二氧化锰所包覆的碳棒（正极）

铜帽

化学糊剂（电解质）　　　锌筒（负极）

请正确操作和使用电池。电池电压要与所用电器相匹配。

你听说过充电电池吗？它的组成结构不同于锌碳电池和碱性电池。充电电池内部会发生化学可逆反应。当电量耗尽时，一种充电装置能使其恢复电量。原理很容易理解，就是逆转电量释放的发生过程，即逆转产生电能的化学反应，使电池能被再次使用。充电电池的使用时间可达数年之久，当我们因工作或生活需要购买许多电池时，即可用它来代替，以减少开支和不必要的浪费。

想了解更多，请看本书第34和第35页

我们无论使用哪一种电池，都要小心操作和使用。要确保电池电压和所用电器匹配，如不能确认，则请成年人来核对。废旧电池要妥善处理，处理方式最好经当地回收处置机构确认。

正电荷和负电荷

自然界中存在着两种电荷，即正电荷和负电荷。获得电子的物体带负电荷，而失去电子的物体带正电荷。同性电荷相互远离，我们称之为同性互斥；而异性电荷相互靠近，我们称之为异性相吸。

不妨用梳子来快速梳一下头发，然后将梳子置于头发附近。我们会发现自己的头发飘了起来。这是因为当我们梳头发时，梳子摩擦头发使电子在头发和梳子之间发生了转移。这就叫作摩擦起电。梳子获得了额外的电子，带负电荷；头发失去了电子，带正电荷。我们的头发之所以飘向梳子，是因为正电荷和负电荷相互吸引。

物理小百科探索　　　　电子电荷

我们只用一张纸条，即可了解同性电荷是怎样相互排斥的。请在干燥不潮湿的环境中进行如下实验。

请准备

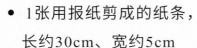

- 1张用报纸剪成的纸条，长约30cm、宽约5cm
- 1块毛织布料
- 1把塑料直尺

1 用毛织布料在纸条上摩擦约20次。

2 将该纸条横放在塑料直尺上，并水平举起尺子，使纸条两端下垂。

3 纸条两端是自然下垂的吗？还是像图中一样？请解释原因。

壮观的闪电

闪电是正电荷和负电荷穿过空气彼此相遇时所产生的现象。它能释放出巨大的电流并发出耀眼的光芒。下图所示为暴风雨来袭时我们看到的枝状闪电。

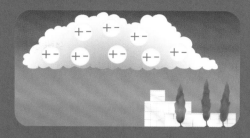

1 暴风雨来临前，云中的水滴和冰晶所携带的正负电荷数量相当。

2 暴风雨来临时，云中的雨滴和冰晶碰撞摩擦，迫使电荷分离。

3 大多数正电荷将升至云顶，而负电荷会移到云底。

4 云底的负电荷和地面上的正电荷相遇，即产生了常见的闪电。

电流沿着电线传导

　　你知道水是怎么进入厨房的水龙头中的吗？它通过水管进入后能根据人们的需要沿着管道流动。

　　那我们怎样能使电流沿着我们期望的方向传输呢？我们称为"电"的电能是由大型发电厂发出的。那是什么将我们家中的电源插座与发电厂进行连接的呢？答案是电线——电力系统的"管道"。

电线的形状和尺寸各异

　　电线是一根又细又长的金属丝。它可以是单股金属线，也可以是两股或多股绞合而成的金属线。有些电线又粗又硬，有些电线又细又软，容易弯曲。

电线可以有不同的颜色、形状和尺寸。左图这些电线外面包覆的彩色橡胶或塑料叫作绝缘层。

电线为什么要有绝缘层

我们知道允许电流从中通过的材料称为导体，金属便是良好的导体。有些金属的导电性能尤为优异，例如银，但因其过于昂贵，无法用来制造电线。铜也是非常良好的导体，而且造价低廉。因此，我们常用的电线一般为铜导线。

千万不要用裸露的电线来导电。因为当电流通过裸线时，任何与之接触的金属物体或其他导体都会带电，人体也不例外。如果一个站在地上的人触碰到裸线，而该裸线又与入户电线相连接，那么电流将通过人体流入大地。这样一来这个人将遭受可怕的电击，甚至可能有生命危险。

我们要确保电流流向该去的地方，而不是其他地方。因此，用于输送电力的电线外面要包覆导电能力差的材料。橡胶和塑料的导电性极差，它们均为绝缘体。外面包覆着橡胶或塑料的裸线叫作绝缘电线或电缆。

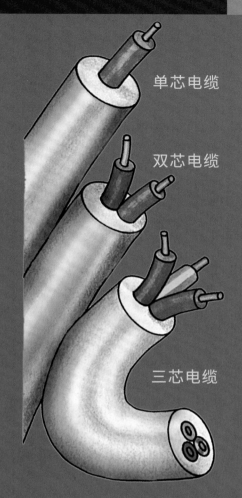

单芯电缆

双芯电缆

三芯电缆

想了解更多，请看本书第32和第33页

用作回路线的电缆中通常会有三根线芯。其中两根进出保险丝盒的线芯用来传输电流，而第三根线芯为接地线。发生线路故障时，接地线可将电流安全地泄入大地。

外面包覆着橡胶或塑料的裸线称为绝缘电线或电缆。单根电缆中可以有六股甚至更多的铜芯线。

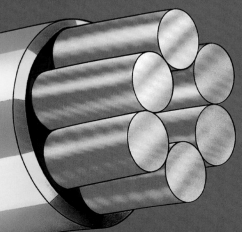

用"伏特"计量电压

　　用两根电线将灯泡与电池连接起来便会点亮灯泡，这是因为有电流从中流过。电池通过在导线上"推拉"电子产生电流。这种推拉的力量越强，每秒内沿着电线流动的电子越多。电流使灯泡内的金属丝发热，于是灯泡便发出光来。

　　这种"推拉"的力量（电压）以"伏特"（V，简称伏）计量。伏特一词源于意大利人的名字——亚历山德罗·伏特（1745—1827），他发明了世界上的第一个电池。电池的电压越大，它"推拉"电子的力量越强。

电压是多少伏特

　　当我们用电流做实验时，我们要采用1.5～9V的小电池。电压等级通常印于电池的侧面。

　　接入我们住宅的入户电线的电压则要高得多。在大多数家庭中，沿着电线传导的电流，其相应电压至少为110V，或可高达220V或240V。超过100V的电压足以使电流通过人体。如果通过我们身体的电流非常大，我们将因电击而严重受伤，甚至可能葬送性命。因此，我们在做实验时必须使用电压等级很低的电池。

左图为两根铜导线，导线A中的这些电子沿各个方向自由移动。当我们把电池和导线B相连接时，电池会沿同一方向"推拉"电子。而这形成的电子流即为电流。

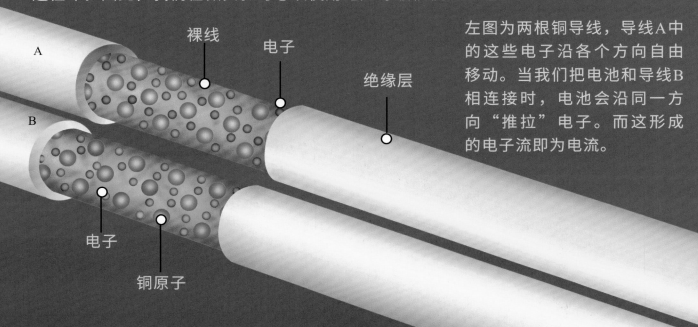

裸线　电子　绝缘层

A

B

电子

铜原子

物理小百科探索　　增减电压的作用

请准备

- 3根长20cm的塑料绝缘导线，两端去皮

- 2节1号电池
- 灯座

- 6V灯泡
- 1把螺丝刀

- 绝缘胶带

1 取一根导线，用胶带将一端粘在电池一侧的端子上。再取第二根导线，并将一端与电池另一端子粘接。然后将这两根导线的自由端与灯座相连接，灯泡将正常点亮。

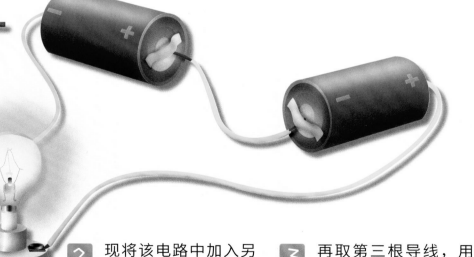

2 现将该电路中加入另一节电池。从第一节电池负极端上解开胶带，取下导线，并将它粘在另一节电池的负极端上。

3 再取第三根导线，用它将两节电池连接在一起。现在发生了什么？灯泡的亮度改变了吗？变亮了还是变暗了？请解释原因。

电流是多少"安培"

大多数电器都需要连接电线才能使用。电线沿着完整的通路即电路输送电流，而电流大小取决于沿着电线流动的电子有多少。

电流的计量单位

如何才能测出电流的大小呢？我们可以数一下每秒内通过导线的电子数。但这不是一件容易的事。在大多数电线中，移动的电子数量都相当巨大。据估算，每秒内手电筒灯泡中流过的电子可多达约 3.0×10^{18} 个。

为了简便起见，我们用安培作单位来计量流动的电流。安培一词源于一位法国科学家的名字——安德烈·玛丽·安培（1775—1836），是他发明了计量电流的方法。我们通常将电流的计量单位简称为安。1安约等于每秒内流过 6.0×10^{18} 个电子。因此，手电筒灯泡中通过的电流大概是0.5A。这样算起来就容易多了！

科学家们使用一种叫作万用表的特殊测量仪来测量电流、电压和电阻。万用表要接入电路中，当有电流通过时，才能发挥应有的作用。

在本书所做的实验中，采用的灯泡仅需约0.3A即可被点亮。但重工业领域常用的焊接设备所需的电流往往会高达数百安。

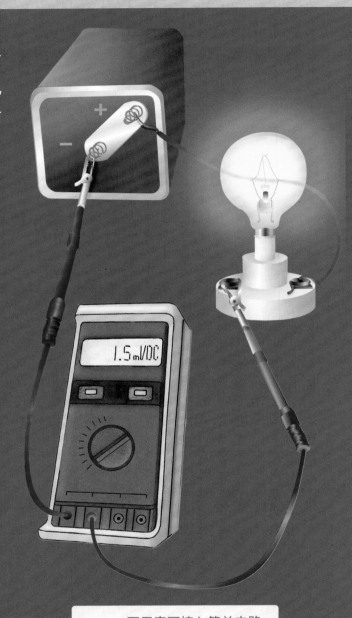

 万用表可接入简单电路中。电路中流动的电子通过灯泡和电池，并通过万用表，才会使万用表显示所测数值。

50A到300A的电流可以提供焊接钢板所需的热量，如下图所示的这种焊接方法叫作电弧焊。

想了解更多，请看本书第34和第35页

电流生热

你知道是什么使白炽灯灯泡发光的吗？仔细观察一个透明的灯泡就会发现里面有一根卷曲的细金属丝，被称为灯丝，是由一种叫作钨的金属制成的。当电流通过灯丝时，灯丝便会受热，发出明亮的光。

为什么灯丝会变热呢？因为当电子沿着电线（灯丝）流动时，会以热的形式释放能量。这种热被灯丝吸收，使灯丝发出明亮的光。

粗导线和细导线

当电子沿着电线流动时，电线的阻挡作用使电子损失了能量。这种损失的能量被电线吸收后将使电线升温发热。在采用同一种材料的情况下，细导线对电子的阻挡作用要比粗导线更大。因此，相对于细导线来说，电子更容易沿着粗导线流动。科学家们认为这是因为细导线比粗导线电阻大。

灯泡中卷曲的钨丝具有很大的电阻。电子在通过它时损失了很多能量。灯丝吸收了这种能量，并将它转换成了光和热。

灯泡里面有一根卷曲的细金属丝，叫作灯丝。这种金属丝越多，发出的光越亮。

在白炽灯泡内部，有一根卷曲的细金属丝——钨丝，它放大后的样子如上图。当电流通过钨丝时，钨丝将变得很热，并发出光来。

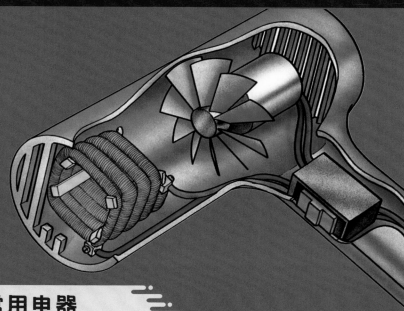

当吹风机启动时，内部的金属丝通电变热，并使周围空气升温发热。小风扇转动起来，将热空气排出吹风机外，带来吹干效果。

家庭常用电器

　　电暖器、电熨斗、吹风机等都有又长又细的卷曲金属丝，它们在电流通过时升温发热。这种金属丝通常都由电阻很大的特殊金属制成。

物理小百科探索　　电流的热效应

我们做一个简单的实验，亲身感受一下电流的热效应。

请准备

- 2根塑料绝缘导线（多股细线），长25cm，两端去皮
- 1节6V电池

1 取两根导线，将其与电池端子分别连接。再分别从每根导线的自由端分出一股细线。

2 现在用大拇指和食指，将这两股细线捏在一起。我们很快便能感受到两根导线被手捏住的连接处开始发热。

 请务必用6V普通电池进行本实验。请勿使用大功率电池，以免导线过热，烫伤手指。

电路的接通和断开

开关是一种能将电流接通和分断的电器设备。当我们关闭开关时，电路将会断开，电路中的电流停止流动；当我们闭合开关时，电路变得完整，电流将会恢复流动。

想了解更多，请看本书第50和第51页

物理小百科探索　　　制作小开关

我们自己可以制作一个简易开关，用于本书的部分实验中。

请准备

- 1块质地较软的小木块，长约10cm、宽约6cm、厚约1.5cm
- 3根塑料绝缘导线，每根长约25cm，两端去皮
- 一只6V灯泡及相应灯座

- 1节6V电池
- 曲别针
- 2枚图钉
- 绝缘胶带

视频演示

1 将两枚图钉各缠一根导线，并将其中一枚图钉按入木块一侧表面，再将另一枚图钉穿过曲别针的末端并按入木块。这两枚图钉之间的距离应略短于曲别针的长度。

要确保曲别针用图钉固定到位，可围绕图钉旋转，并可触碰到另一枚图钉。这就是简易开关。

2 为了测试开关是否好用，请将上一步中连接两个图钉的导线分别接上电池端子和灯座；然后用剩下的一根导线连接灯座和电池。

旋转曲别针，使它搭在另一枚图钉上。会发生什么？现在将曲别针继续旋转，使它离开图钉。又会发生什么？

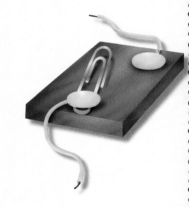

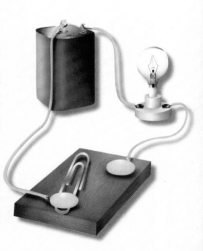

什么是短路

如果绝缘导线的塑料外壳磨损，而且这样的两根裸线互相接触，那么电流会从一根导线直接传输到另一根导线。这种现象称为短路。

物理小百科探索　　制造短路

请准备

- 3根裸线，长约25cm
- 1节1号电池

- 1只1.5V灯泡及相应的灯座
- 绝缘胶带

请勿触碰带电的裸露电线。记住使用低功率电池进行本实验。可请成年人来协助。

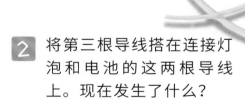

2 将第三根导线搭在连接灯泡和电池的这两根导线上。现在发生了什么？

这根额外的电线会形成短路。这是因为电流从一条路径流向了这根新电线，那几乎没有电阻。电流会舍弃灯泡，走这条电阻更小的捷径，因此不再通过灯泡，灯泡因此熄灭。注意：短路会使电池过热，电池会很快耗尽电量。图片仅作示意。

1 取两根电线，用它们将灯泡和电池连接起来。灯泡将正常变亮。

 我们也可以将第三根导线接入该电路中，来使灯泡熄灭。你知道怎样做到这一点吗？

视频演示

安全用电

假如室内的电线出了问题，那是非常危险的。举个例子，在两根裸露的电线相互接触的情况下，电路将发生短路，导线会发热，而过热的导线很容易引起火灾。

电路和保险丝

为了确保电线不会发生过热的现象，大多数电路均配有一种能断开电路的元器件。这类元器件主要有保险丝（或称为熔断器）和断路器两种。

保险丝可以保证我们的用电安全。它是一根细细的金属丝，易于熔断，以此来保护配电线路。某些家用电路有两种保险丝。一种安装在保险丝盒中，只是一根细金属丝。另一种安装在电源插头中，形似一个小小的圆柱体，真正起核心作用的是里面的金属丝，通常把它称为保险丝管。如果电路中的导线开始变热，那么前端的保险丝会迅速熔断，并使电路立即断开。

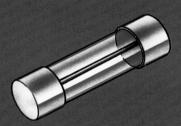

保险丝管

 请勿触碰保险丝盒或断路器旁边的进户线。

物理小百科探索　　保险丝的使用方法

请准备

- 4根塑料绝缘导线，长20cm，两端去皮
- 1个钢丝球
- 1节6V电池
- 1只6V灯泡及灯座
- 1把螺丝刀

1 将一根导线与电池一个端子相连接，并将导线的另一端与灯座一侧相连接。

2 将第二根导线与灯座另一侧相连接。把第三根导线与电池的另一端相连接。

断路器类似于保险丝，它对于住宅和其他建筑中的配电线路也能进行保护。假如电源插座上插了太多电器，断路器将会跳闸并切断电流。断路器合上闸后即可使电路恢复正常，它在这一点上要比保险丝更加方便。

在我们家中的某个角落会设有一个配电箱，里面有几只断路器正在运行。断路器能对住宅和其他建筑中的配电线路进行很好的保护。假如电源插座上插了太多电器，断路器将会跳闸并切断电流。断路器合上闸后即可使电路恢复正常。而在保险丝盒中，保险丝熔断后是必须要更换的。

许多现代电源插头均内置保险丝。保险丝上印着的数字标注着它熔断时所对应的最大电流。

⚠ 在没有成年人监督的情况下请勿打开保险丝盒或触摸断路器。

3 捏住塑料绝缘皮，拿起两根带线头的导线，即可开始测试。将这两个裸露的线头碰在一起，但不要碰到手。灯泡应正常点亮。将它们分开后，灯泡应正常熄灭。

4 断开第三根导线与电池的连接，同时将一股细钢丝绒线连接到两根导线的自由端。

再将刚才断开的第三根导线重新接好，使电路变得完整。现在这根钢丝即相当于保险丝，能起到保护电路的作用。然后再将第四根导线的两端与灯座螺丝相接触，如图所示。发生了什么？

灯泡熄灭，因为钢丝绒受热并烧断，电路断开，电流便不再流动。

如何发电

　　在大型发电厂，电缆和电线把电流输送到城镇和其他需要用电的地方。发电厂内有巨大的转轮状装置，昼夜不停地旋转，我们称之为汽轮机。这种汽轮机与发电机相连。每台汽轮机均由多个曲面叶片组成，就像风车的叶片一样。滚烫的蒸汽吹动着叶片，使叶片不断地旋转，并带动中间的主轴一起转动。这根主轴与发电机相连，随着它的转动，发电机即可产生源源不断的电能。

　　一些发电厂通过燃烧化石燃料（如煤、石油、天然气等）来加热水，而核电站使用铀等燃料来加热水。铀不像煤炭、石油那样会燃烧，但它在转化成其他物质的过程中会产生热量。人们利用这种热能来驱动汽轮机运转。

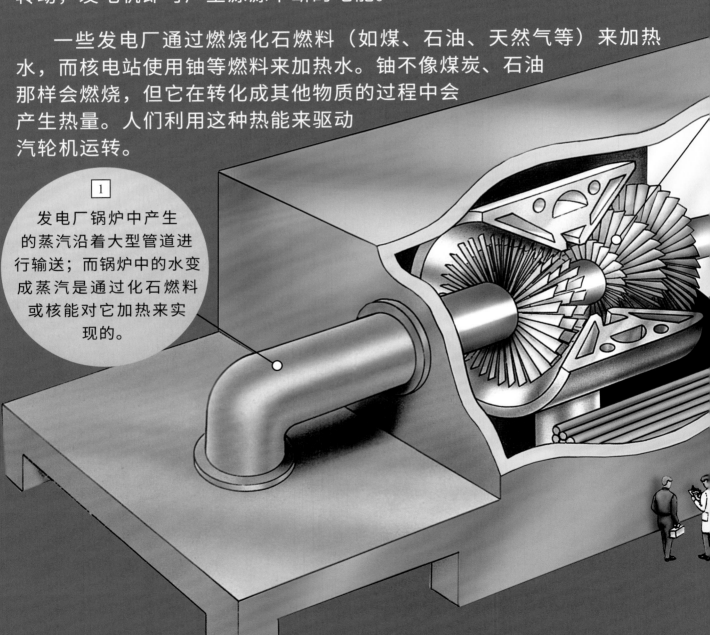

1

发电厂锅炉中产生的蒸汽沿着大型管道进行输送；而锅炉中的水变成蒸汽是通过化石燃料或核能对它加热来实现的。

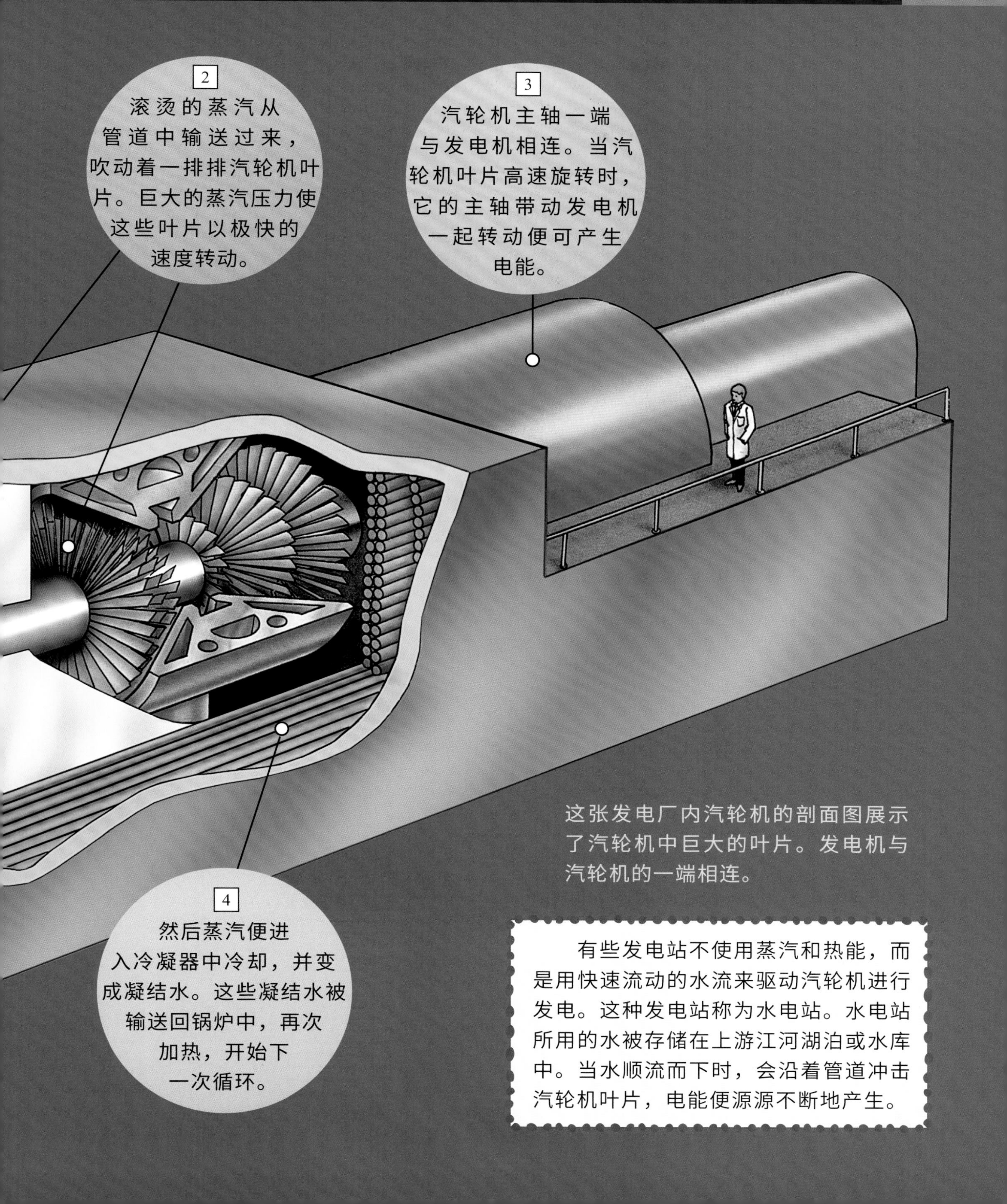

2

滚烫的蒸汽从管道中输送过来，吹动着一排排汽轮机叶片。巨大的蒸汽压力使这些叶片以极快的速度转动。

3

汽轮机主轴一端与发电机相连。当汽轮机叶片高速旋转时，它的主轴带动发电机一起转动便可产生电能。

这张发电厂内汽轮机的剖面图展示了汽轮机中巨大的叶片。发电机与汽轮机的一端相连。

4

然后蒸汽便进入冷凝器中冷却，并变成凝结水。这些凝结水被输送回锅炉中，再次加热，开始下一次循环。

有些发电站不使用蒸汽和热能，而是用快速流动的水流来驱动汽轮机进行发电。这种发电站称为水电站。水电站所用的水被存储在上游江河湖泊或水库中。当水顺流而下时，会沿着管道冲击汽轮机叶片，电能便源源不断地产生。

什么是变压器

变压器是一种能改变电流大小的电气设备。当电流从发电厂输送出来时，会因线路电阻而失去部分能量。电流越大失去的能量越多。因此，发电厂会使用变压器来降低电流，以尽量低损耗地输送电力。

有些变压器通过升高输电线路电压来降低相应的电流。输电线路的电压越高，所对应的电流就越小。这种能使电压升高的变压器叫作升压变压器。

许多家用电器，如收音机和电池充电器也使用了变压器。这些电器所需的工作电压要比家用电压更低。我们将这类能使电压降低的变压器称为降压变压器。

变压器的工作原理

变压器内部有一个铁芯，这个铁芯被两组线圈所缠绕。这两组线圈的匝数不同，交流电分别流过每组线圈。在升压变压器中，二次线圈的匝数要比一次线圈更多，且电压也要比一次线圈更高。

而在降压变压器中，情况则正好相反，二次线圈相比于一次线圈匝数要更少，电压也更低。

在交流电通过这台升压变压器的一次线圈时，二次线圈中会产生感应电流，因二次线圈的匝数更多，因此电压也会更高。

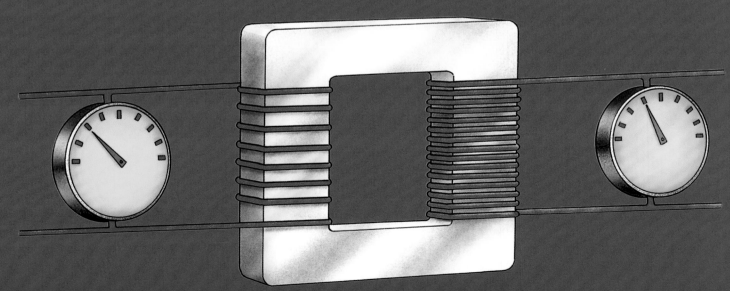

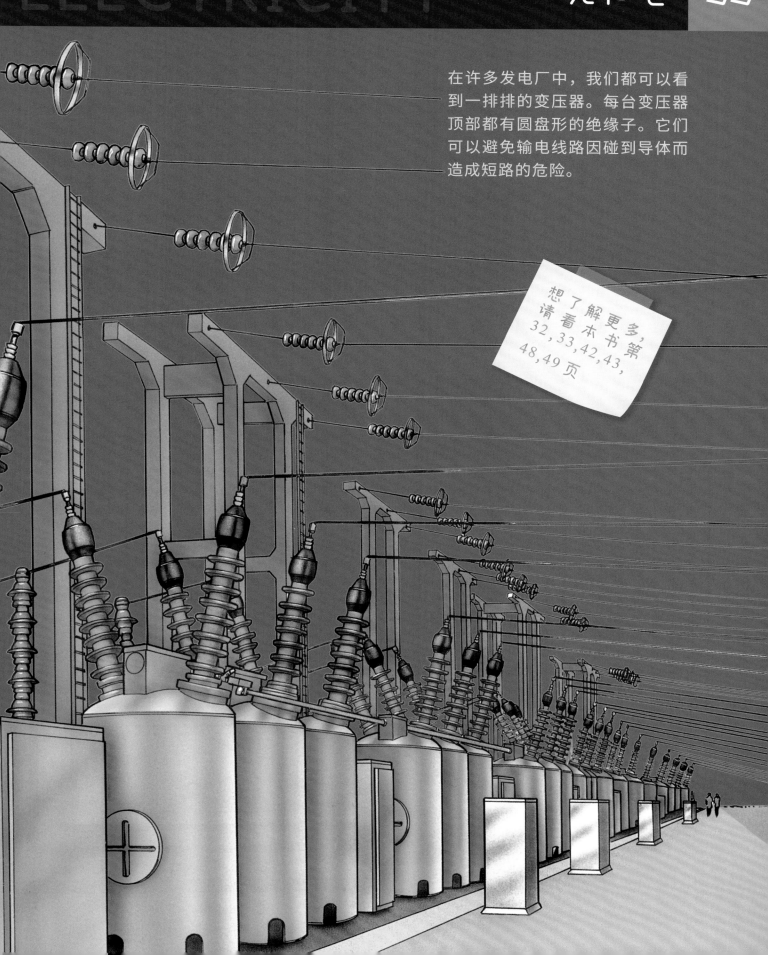

在许多发电厂中，我们都可以看到一排排的变压器。每台变压器顶部都有圆盘形的绝缘子。它们可以避免输电线路因碰到导体而造成短路的危险。

想了解更多，请看本书第32，33，42，43，48，49页

电力与可替代能源

在科学家们发现如何发电之前，人类只能使用其他能源来生活。千百年来，人们通过燃烧木材、煤炭来取暖、烹制食物，也会利用风力和水力来建造风车和水车，以满足生产和生活上的各种需求。

如今，许多发电厂通过燃烧煤炭、石油或天然气等化石燃料进行发电。但是化石燃料会产生大量的污染，更重要的是这些能源都不可再生，终究会被消耗殆尽。

也有不少发电站利用核能来发电，但与核电站电力生产息息相关的核燃料和核废料颇具危险性。因此，它的发展前景并不明朗。

迄今为止，世界上只有少数几种能源同时具备安全、清洁、高效以及可再生的特点。我们仍需要寻找更好的方法来生产所需的能源，且这种追求永远不会止步。

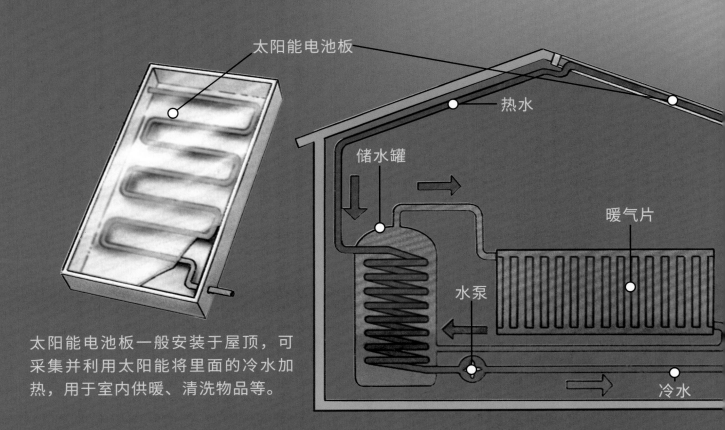

太阳能电池板

热水

储水罐

暖气片

水泵

冷水

太阳能电池板一般安装于屋顶，可采集并利用太阳能将里面的冷水加热，用于室内供暖、清洗物品等。

在新西兰的这座地热电厂中，热水从地下冒出到达地面时，即变成图中的蒸汽。这种蒸汽可用于发电。

想了解更多，请看本书第52和第53页

千百年来，风车一直利用风力来工作。早在人们开始使用电力之前，风车便被用来磨小麦、磨玉米，或带动抽水机等设备运转。这便是古老的风车磨坊。如今，一些公司开始使用高科技风车来进行发电。

可替代能源

科学家们已经找到了从太阳和地下岩石中获取能量的方法。太阳的能量简称为太阳能，我们屋顶安装的太阳能电池板，即可捕获这种能量。通过太阳能电池板，阳光可将里面的冷水加热，以供我们来取暖或清洗物品。

地表下面干热岩中蕴藏的能量被称为地热能。在世界上的许多国家，比如冰岛、意大利、墨西哥、菲律宾、新西兰和美国，地热能均已得到使用。地热能来自于地球深处，那里埋藏着干热岩。它们将周围的地下水加热，这些水被水泵抽出来带到地表，便可顺着管道进入室内，给千家万户带来温暖。

科学家们目前仍在寻找其他各种方法来捕获地球、太阳和风力的能源。在某些情况下，这些能源能够代替电力，作为动力源来使用。

致谢

《少年科学家》出版者为在本书中使用的照片向以下摄影师、出版商、代理机构以及公司表示诚挚的感谢。

封面	© Linda Bair, Dreamstime; © Matthew Self, Dreamstime	27	© Getty Images
2	© Getty Images	28	© Norbert Millauer/AFP/ Getty Images;
4	© Getty Images	29	© Yoshikazu Tsuno, AFP/ Getty Images
6	© Getty Images		
8	© Getty Images	30, 31	© Getty Images
11	© Getty Images	32	© Getty Images
12, 13	© Getty Images	37	© Getty Images
15	© Loomis Dean/Time & Life Pictures/ Getty Images	39	© Getty Images
16	© Getty Images	40	© Getty Images
18	© Getty Images	45	© Getty Images
19	© Joe McNally/Getty Images	46	© Getty Images
24	© Getty Images	51	© Getty Images
		57	© Getty Images

插图绘制人员

Martin Aitchinson

Nigel Alexander

Hemesh Alles

Martyn Andrews

Sue Barclay

Richard Berridge

John Booth

Lou Bory

Maggie Brand

Stephen Brayfield

Bristol Illustrators

Colin Brown

Estelle Carol

David Cook

Marie DeJohn

Richard Deverell

Farley, White and Veal

Sheila Galbraith

Peter Geissler

Jeremy Gower

Kathie Kelleher

Stuart Lafford

Francis Lea

John Lobban

Louise Martin

Annabel Milne

Yoshi Miyake

Donald Moss

Eileen Mueller Neill

Teresa O' Brien

Paul Perreault

Roberta Polfus

Jeremy Pyke

Trevor Ridley

Barry Rowe

Don Simpson

Gary Slater

Lawrie Taylor

Gwen Tourret

Pat Tourret

Peter Visscher

David Webb

Gerald Whitcomb

Matthew White

Lynne Willey

少年科学家
物理小百科

磁力

[美]世界图书出版公司 编著

燃点时光工作室 译

清华大学出版社
北京

北京市版权局著作权合同登记号　图字：01-2022-1886

版权所有，侵权必究。举报：010-62782989，beiqinquan@tup.tsinghua.edu.cn。

图书在版编目（CIP）数据

少年科学家 . 物理小百科 / 美国世界图书出版公司编著；燃点时光工作室译 .—北京：清华大学出版社，2023.2
书名原文：Young Scientist
ISBN 978-7-302-60583-6

Ⅰ . ①少… 　Ⅱ . ①美… ②燃… 　Ⅲ . ①科学知识—少年读物 ②物理学—少年读物 　Ⅳ . ① Z228.1 ② O4-49

中国版本图书馆 CIP 数据核字 (2022) 第 064551 号

责任编辑：陈凌云
封面设计：燃点时光工作室
责任校对：袁　芳
责任印制：杨　艳

出版发行：清华大学出版社
　　　　　网　　　址：http://www.tup.com.cn, http://www.wqbook.com
　　　　　地　　　址：北京清华大学学研大厦 A 座　　　　邮　　编：100084
　　　　　社 总 机：010-83470000　　　　　　　　　　邮　　购：010-62786544
　　　　　投稿与读者服务：010-62776969, c-service@tup.tsinghua.edu.cn
　　　　　质量反馈：010-62772015, zhiliang@tup.tsinghua.edu.cn
印 装 者：当纳利（广东）印务有限公司
经　　销：全国新华书店
开　　本：212mm×272mm　　　印　　张：15　　　字　　数：323 千字
版　　次：2023 年 2 月第 1 版　　　　　　　　印　　次：2023 年 2 月第 1 次印刷
定　　价：152.00 元（全四册）

产品编号：095757-01

目录 CONTENTS

无处不在的磁铁

在现代社会生活中，磁力的应用非常普遍。发电厂利用磁力能发出源源不断的电能。在指南针、扬声器、电动机、电冰箱门、电脑磁盘中，父辈使用过的盒式录放机中，以及许多其他常用的电子电气设备中，都有磁铁的身影。在工商业领域，如计算机、传真机、复印机、印刷机等机器设备，它们的组成部件中也少不了磁铁的身影。

什么是磁力

磁力是一种我们肉眼看不见的力，能使某些物体相互靠近、相互分离或停留在某处。我们虽不能触摸到磁力，但能看得到磁铁，并能看得到某些物体接近磁铁时所发生的一切。磁铁周围的区域称为磁场。当磁铁和某些金属进入磁场时，它们会因磁力而发生移动。

如图所示，磁铁的磁力大到一定程度时，会将桌上的钢质回形针隔空吸起来。这是由一种肉眼看不见的力所造成的，这种力就是磁力。磁力分布在磁铁周围。

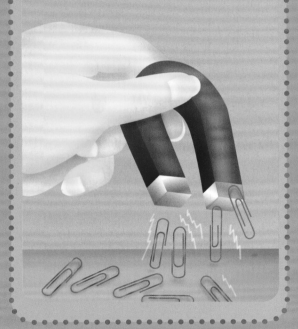

巨大的工业磁铁悬垂于起重机吊臂上。它能搬运废旧钢铁并分拣各种金属用于回收。

指南针的指针是一根小磁条，受磁力作用，总是一端指南一端指北。

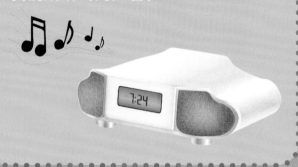

收音机、CD播放机、MP3播放器和电视机正常工作时，都需要将电信号送入喇叭。在磁场的作用下，这些信号会使喇叭不断振动，发出我们所听到的声音。

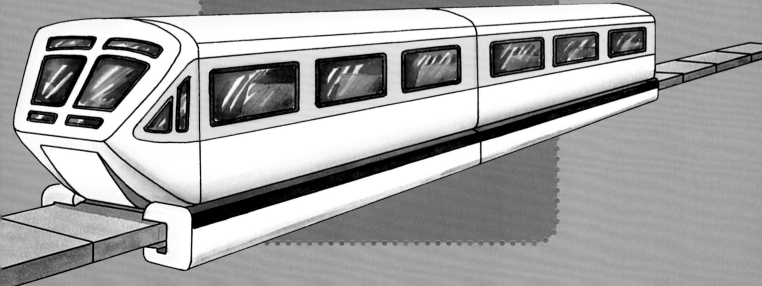

磁悬浮列车利用磁力实现高速行驶。这种列车悬浮在固定轨道上，两者并不发生接触。当位于列车轨道下面的磁铁受上面导轨吸引时，列车即可向上悬起，开始运行。

磁铁的材质

　　如果一块磁铁一直为磁场所环绕，而不随时间的推移发生变化，那么这块磁铁就被称为永磁铁。大多数永磁铁是由钢或铁和其他材料的合金制成的。制作永磁铁常常采用铝镍钴合金（AlNiCo）。这种合金含有四种金属，即铝、镍、铁和钴。

　　由金属制成的永磁铁能吸引其他金属。以这种形式被磁铁吸引的金属称为磁性金属。铁、钢、钴、镍均为磁性金属。不过，并非所有金属都是磁性金属。例如，磁铁是吸引不了铝和铜的，因为这些金属都是非磁性金属。

　　某种物体是磁性材料还是非磁性材料，我们可以通过实验来验证。手持一块小磁铁，靠近一张纸，观察这张纸是否会向磁铁移动。然后将纸张换成塑料、玻璃、布料等物品，逐一进行测试。这些物品到底是磁性材料还是非磁性材料呢？

铁屑吸附在一块磁铁的两端。磁铁两端的磁力最强。这两端被称为磁极。

磁铁都有哪些形状

人们将磁铁制成了不同的形状，包括条形、马蹄形、环形、圆形和圆柱形等。磁铁形状不同，磁力的应用方式也有所不同。例如，条形磁铁常用于指南针中，蹄形磁铁常用于小电动机中，圆形磁铁常用于收音机、电视机或立体声音响中。

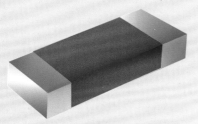

条形磁铁

环形磁铁

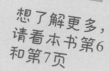

想了解更多，请看本书第6和第7页

蹄形磁铁

圆柱形磁铁

磁铁的"北极"和"南极"

对于条形磁铁来说，磁铁两端即磁极附近的磁力是最大的。条形磁铁在自由状态下，一端总是指着北方，因此科学家们将其称为"指北极"，简称为N极；而另一端则被称为"指南极"，简称为S极。

如果想知道哪端是条形磁铁的N极，我们可以先取来一个指南针辨别东南西北。然后用一根细线将条形磁铁吊起来，让它能够自由转动。当它最终停止转动时，指向北方的那一端即为磁铁的N极。

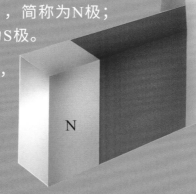

北

N

S

了解磁极的性质

如果我们将钢、铁、钴、镍这类金属物体放在一块磁铁旁边，它们会自动靠近磁铁。于是科学家们称磁铁可以吸引金属。此外，一块磁铁还可以吸引另一块磁铁，但有时这两块磁铁也会相互推斥。于是科学家又称磁铁可以相互排斥。

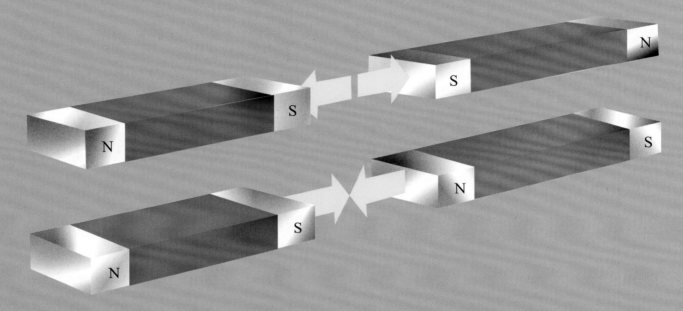

同性磁极和异性磁极

当我们将一块磁铁的N极靠近另一块磁铁的S极时，我们将发现这两块磁铁会相互吸引。而当我们将它们的同种磁极相互靠近时，比如N极对N极、S极对S极，这两块磁铁又会相互推斥。科学家们据此总结出一条规律帮助我们理解这个现象，这条规律便是"同极相斥，异极相吸"。

我们可以用三个条形磁铁摆出三角形来验证这一点。如图所示，如果将两个同种磁极硬摆在一起，三个条形磁铁根本无法合成三角形。因为只要两块磁铁的同极一接近，它们就会相互推斥，保持距离。想让这些磁铁相互吸引并像图中那样保持紧密，它们的N极和S极就必须要两两摆在一起。

为了用磁铁摆出下图中的三角形，每个磁铁的N极和S极就必须要两两摆在一起。如果试图将两个磁铁的同极摆在一起，这个三角形就会散架。

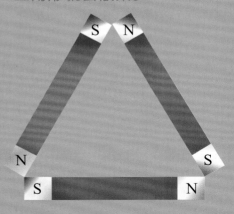

物理小百科探索 磁铁有多么强大

在各种不同的磁铁中，有些磁铁的磁力会比其他磁铁强。但无论哪种磁铁，两极的磁力总是最强。

请准备

- 几个不同种类的磁铁
- 大约20枚金属材质的回形针

1 用蹄形磁铁吸起一枚回形针。然后将第二枚回形针置于第一枚回形针旁边。由于磁铁向第一枚回形针传递了磁力，第二枚回形针将吸附在第一枚回形针上。

2 每次吸附一枚回形针，逐渐形成一条回形针链。观察这块磁铁一共吸起了多少枚回形针。

3 用另一块磁铁再次进行同一测试。哪块磁铁的磁力最强？磁铁个头越大就意味着磁力越强吗？

4 现在我们再来验证一下，磁铁的哪个部位磁力最强。在同一块条形磁铁上，从三个不同部位来进行这个测试。先在N极上测试一次，再在S极上测试一次，最后在磁铁中段测试一次。哪个部位的磁力最强？

5 你能在磁铁的两个磁极之间形成这种回形针链吗？

想了解更多，请看本书第4和第5页

视频演示

看不见的磁力

　　磁铁能够吸引磁性金属，但是假如将纸张等阻挡物置于两者之间，结论仍然成立吗？纸张、布料、塑料和一些像铝、铜一样的金属，均为非磁性材料。虽然磁铁吸引不了由这些材料所制成的物体，但磁力仍会穿过它们去吸引阻挡物另一侧的磁性材料。

物理小百科探索　　磁力的穿透性小测试

我们来验证一下磁力能穿透哪些非磁性物质。

请准备

- 适量曲别针
- 1张纸
- 1块布
- 1张锡箔纸

- 1块磁铁

- 1个玻璃瓶

- 几个易拉罐

1 将一些曲别针放入玻璃瓶内，再将磁铁置于玻璃瓶外侧。曲别针移动了吗？答案是肯定的，因为磁力穿透了玻璃，所以这块磁铁会将曲别针吸起。

2 现在再用一个小易拉罐来进行同一测试。假如易拉罐是由一种磁性材料（如钢或铁）制成的，则曲别针不会发生移动。虽然磁铁能吸附易拉罐本身，但因磁力不足以穿透易拉罐，所以不会将曲别针吸起。

3 再换成由非磁性金属所制成的易拉罐来进行测试，如铝制易拉罐。将磁铁靠近罐身，罐中的曲别针发生移动，这是因为磁力能够穿透铝薄膜。

4 现在再用普通纸、锡箔纸或布料依次将磁铁蒙上进行测试。这块磁铁仍能吸得住曲别针吗？

视频演示

物理小百科探索

制作磁力船

磁力是可以穿透水的。我们可以制作几只简易小船并用磁铁来驱动它们。

请准备

- 16枚图钉
- 4枚大头针
- 1张白纸
- 笔
- 胶带
- 水
- 直尺

- 1个塑料托盘

- 2本厚书

- 2个软木塞

- 2块磁性较强的条形磁铁

- 2个长约20cm的木条

1

将托盘放在摆放整齐的2本厚书上，并小心地倒入适量水。

2

将2块磁铁分别绑在每个木条的一端。

3

请家长协助，将每个软木塞一切两半。再将4枚图钉按入每个软木塞的切面中。

4

画出4个三角形，并将其剪下来。再用大头针将每桅纸帆固定在软木塞上。

5

将这些简易小船放在水面上，并在托盘下面移动磁铁。小船便会随磁铁移动。

视频演示

什么是磁场

磁力是肉眼看不见的，但是在磁铁周围，我们会清晰地感觉到它的存在。磁铁周围的空间即为磁场。假如我们手持钢铁等磁性材料所制成的物体，并将其置于磁铁所产生的磁场中，即使磁铁和金属并没有接触，我们也能感觉到它们在相互吸引。而当我们将两块磁铁的同极相互靠近时，我们则会感觉到它们在相互推斥。

物理小百科探索　　绘制磁场图

我们虽然看不见磁力，但可以设法绘制出磁场图，用来了解磁力是怎样产生和分布的。

请准备

- 1张纸
- 1支铅笔

- 1块条形磁铁

- 1个小型指南针

1
将磁铁放在一大张纸的中间，用铅笔沿着磁铁的轮廓画线，标出它的位置。

2
将指南针置于磁铁附近，依据其指针所指的方向画出一个从指南针指向磁铁的短箭头。

3
请将指南针在磁铁四周均匀移动20个位置，并画出每个位置所对应的短箭头。

4
这幅磁场图上的箭头形成了从磁铁N极到S极的若干条曲线。磁力最强的磁极附近，线条较为密集。而在远离磁极的区域，磁力较弱，线条较为稀疏。

太阳周围有一个巨大的磁场。炽热的气体从太阳表面喷出，这些气体有助于我们了解太阳磁场的曲面形状。

磁铁相吸相斥的曲线

当我们将两块磁铁放在一起时，磁场的形状就会改变。假如将两块条形磁铁的N极和S极相互靠近，其所产生的磁场可被视为许多条假想的线的集合，这些线条称为磁力线。这些线条恰好分布于两个磁极的周围。在两个磁极正对的位置，磁感线是直的。而在这条直线的两侧，磁感线将变得弯曲，并呈不断膨胀的弧形排列开来。

假如我们将两块条形磁铁的N极放在一起，由于它们相互推斥，上述磁感线将不复存在。

两块磁铁排成一字型时，磁铁周围的磁场形状取决于磁极是怎样相对的。下面两幅图中所画的线条显示了磁铁相互吸引或相互排斥时的不同情形。

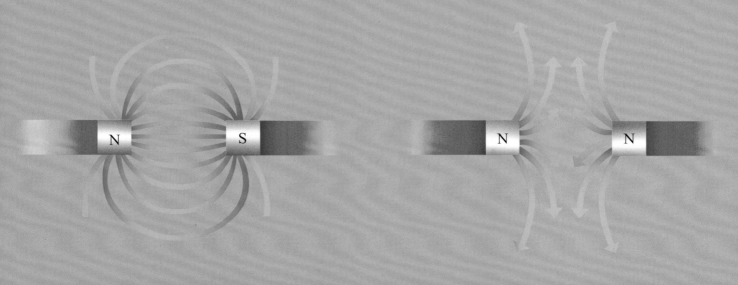

地磁场

我们居住的地球是一块巨大的磁铁。像条形磁铁一样，地球周围也分布着巨大的磁场。在地球深处，存在着炽热的熔融金属。科学家们认为，地磁场的产生与这种金属所携带电荷的运动有密切的联系。

地球的磁极在哪里

虽然地球是圆的，但它像条形磁铁一样，拥有分布于南北两端的磁极。试想一下，有一根很长的轴从北到南穿过地球中心，其中最北端即为地磁北极，最南端即为地磁南极。但是这两个磁极与世界地图上的地理两极并不重合。地理两极才是真正意义上的北极和南极，它们位于多条经线的交汇处。指南针所指向的地磁北极和地磁南极是地球磁场的南北极点。

地磁北极在加拿大境内，距离地理北极大约有1400km远。地磁南极位于南极洲，距离地理南极大约有2750km远。

受地球这块巨大"条形磁铁"的影响，指南针的指针总是指向南北方向。

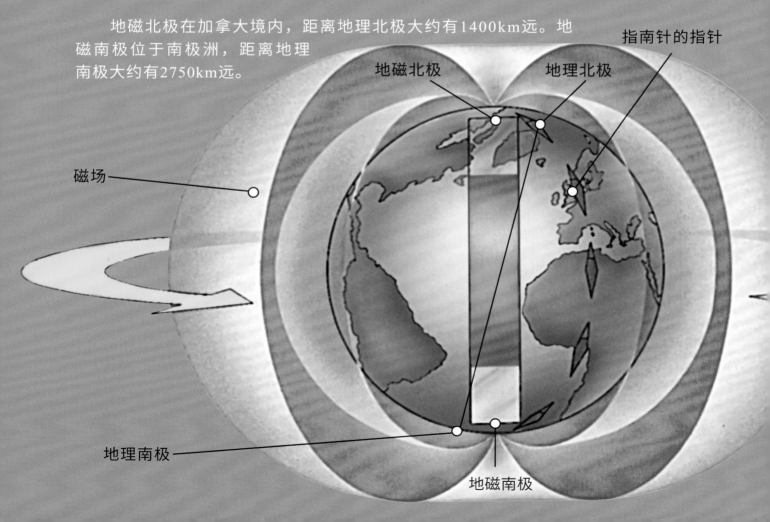

磁场

地磁北极　地理北极　指南针的指针

地理南极

地磁南极

地球磁力

　　我们可以利用地球磁力发射无线电信号，并将其远距离传输。地球周围有一层带电粒子，受到地球磁力的约束，它们不会扩散到太空中，这层结构被称为电离层。当无线电信号从地面发射以后，电离层会将其反射回来，并输送到与发射端相距遥远的地方。无线电信号就是这样进行传输的。

　　　　有时候太阳表面会爆发大量带电粒子。当带电粒子流掠过地球时，地球电离层会受到严重干扰。这时，指南针的指针将会摇摆不定，而无线电信号的远距离传输也会中断。

　　在地球两极附近，经常可以见到美丽的彩光。这种彩光被称为极光，它便是上述带电粒子流的杰作。当带电粒子进入磁场时，美丽的北极光和南极光便会出现。这是因为地磁两极会吸引电粒子流运动。当它们与地球大气层中的分子和原子剧烈碰撞时，能量会被释放出来，其中部分能量便以极光的形式呈现出来。

美丽的北极光在北极附近的夜空中静静地闪耀。它五彩斑斓，变幻莫测，极具观赏性，每年都会吸引大量世界各地的游客。

制作磁铁

我们可以自己动手制作磁铁。拿出一块磁铁，用它来磁化另一块金属，就可以制作出一块新磁铁。具体方法如下：一只手持一根钢针，另一只手握住磁铁，将磁铁的一端或磁极沿着针身摩擦几下。请注意，我们只能用磁铁的同一磁极来摩擦钢针，而且必须沿着同一方向摩擦。在每次摩擦后，将磁铁高高地拿起并放回摩擦的起点，以免产生反作用。几次摩擦后，我们的钢针便被磁化，新磁铁制作完成。

磁铁内部的奥秘

这根钢针是怎样被磁化的呢？事实上，用磁铁摩擦之前，钢针内部便有磁体存在。钢针、磁铁乃至这个世界上的任何物体，均由物质的最小基本单位即原子组成。原子极小，即使我们将一百万个原子并排放在一起，也要比头发丝更细些。钢针内部的原子聚集在一起时，貌似一个整体，但实际上却被分成了一个个磁畴，而磁畴即为被磁化的原子群。

磁铁内部，所有磁畴均指向同一方向，并在磁铁周围产生了磁场。但是钢针内部，磁畴的指向混乱。钢针虽然具有许多磁畴，但却没有产生磁场，是因为磁畴之间相互作用而抵消了。当我们用磁铁摩擦钢针时，越来越多的磁畴沿着同一方向整齐排列，因此钢针也就变成了磁铁。

在普通的条形钢铁中，磁畴犹如无数个微型磁铁，它们的磁场方向是杂乱无章的。

当条形钢铁被磁化以后，磁畴沿着同一方向整齐排列，它就变成了一整块磁铁。

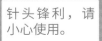

针头锋利，请小心使用。

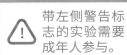

带左侧警告标志的实验需要成年人参与。

使钢针变成磁铁很简单，只需用磁铁一端摩擦几下钢针即可。请注意一定要用磁铁的同一端沿着同一方向摩擦。

将磁铁一切两半

　　如果一块条形磁铁被一切两半，一块磁铁将变出两块磁铁。这是什么原因呢？当磁铁被切成两半时，每一半内部的磁畴仍然是有序排列的。因此，它们都变成了新磁铁，一端为N极，另一端为S极。如果把这两块磁铁再分别切成两半，我们便会得到四块磁铁了。

假如一块磁铁被切成两半，它会变成两块新磁铁。每块磁铁均有N极和S极，以此类推。

请勿灼烧磁铁。高温会使其内部磁畴重新排列，磁场方向变得杂乱无章，导致磁性消失。

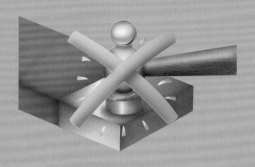

请勿用锤子或其他硬物敲击磁铁。强烈振动同样会使其内部磁畴重新排列，磁场方向变得杂乱无章，导致磁性消失。

请勿将磁铁摔到地上。当磁铁与地面重重相撞时，内部磁畴将不再有序排列，磁铁的磁性会降低。

穿越千载的指南针

上面这组星星被称为北斗七星，斗柄末端的两颗星星叫作指针星，它们的延长线指着不远处的北极星，亘古不变。

对于早期环游世界的探险者来说，能够用来辨别方向的方法屈指可数。他们可以借助的工具不过是简陋的地图，外加悬挂在头顶上的太阳和星辰而已。

在白天，太阳总是东升西落，探险者们能够据此来辨别东西南北。而到了夜间，他们又能够利用星辰来判断方向。在地球南北两极之间环绕着一条假想的线，即所谓的赤道。在赤道以北的国家，顺着一组呈勺型的星星即北斗七星，就可以找到北极星，北极星指引的方向为正北方。而在赤道以南的国家，顺着天穹上南十字星中间的垂直线以下，便可以找到正南方。

然而碰到阴雨天气时，古人应该怎么办呢？

下面这组星星被称为南十字星，四颗明亮的星星组成十字形，其中相隔较远的两颗星的延长线即指着正南方。

指南针的发明

指南针是中国古代四大发明之一，战国时期的司南可谓是指南针的始祖。据《梦溪笔谈》记载，大约在公元1000年，一位中国科学家将丝线系在一根针的中间，并悬挂起来，制成了指南针的雏形。当时，他观察到这根针指着南方。而当他用一种带磁性的黑色石头即磁石对其进行摩擦之后，这根针却指向了北方。目前来看，这或许是他使用了不同磁极摩擦磁石的缘故。

大约100年后，海上水手开始使用磁罗盘（即升级版的指南针）进行远航并开辟新航路。当时，大多数船只上都要携带一块磁石，以便于水手磁化罗盘指针来为船只指引方向。事实上，如果磁石呈长条形，用细绳将它悬挂起来，即可指示大致方向。

现代指南针

如今，许多徒步旅行者或水手仍然用磁罗盘来辨别方向。我们将小型船只使用的磁罗盘称为航海罗盘。它里面有一个盘面，上面标示着罗盘的方位，下面看不见的地方则固定着一块环形磁铁。盘面和磁铁均悬浮在酒精和水的混合液中。由于设计巧妙，这种罗盘总是水平悬浮，即使在风高浪急的天气下也能正常工作。

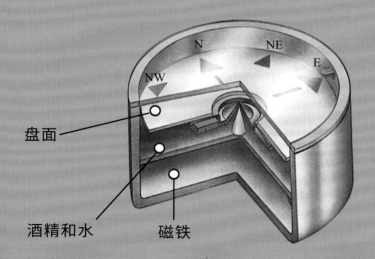

盘面

酒精和水　　磁铁

磁罗盘靠近钢铁或电机时，是不能正常工作的。因此在轮船寻找航路时，为了稳妥起见，除了采用雷达和超声波之外，还要采用一种特制罗盘即陀螺罗盘。陀螺罗盘并不是利用磁性原理制成的。它可设置成指向地理北极，而不是地磁北极。

利用手表辨别北方

只要太阳悬挂在头顶上，我们便能利用手表找到北方。请将手表放平，并将时针对准太阳。这时南北这条线将正好位于表盘上的时针和12点正中间。请转动身体，使太阳升起的方向位于自己右侧，并用一支铅笔依据表盘所示来指示南北方向。现在我们面对的和铅笔所指的方向即为北方。

南北指示线

自制指南针

磁罗盘

磁罗盘又称"磁罗经",是一种用以指示方位的仪器,根据指南针的原理制成,主要由若干平行排列的磁针、刻度盘和磁误差校正装置组成。磁针固装在刻度盘背面,在地磁影响下,带动刻度盘转动,用以指出方向,常作导航用。

物理小百科探索　　　　自制指南针

我们自己就可以制作数个世纪以来广为使用的磁罗盘的简易模型。

请准备

- 陶泥
- 指南针
- 记号笔

- 1根较长的钢针

- 1块磁性较强的磁铁

- 1根吸管

- 1个浅底盘

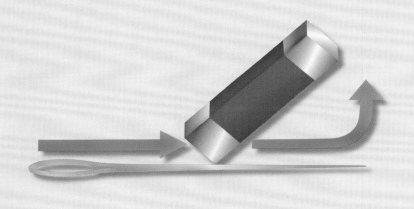

1 手持磁铁,用某个磁极对钢针进行摩擦和磁化。请用磁铁的同一磁极来摩擦钢针,并沿着同一方向摩擦。当磁铁摩擦到尽头时,请将它高高地拿起并放回摩擦的起点,以便再次进行摩擦。

钢针至少要摩擦十次才会被完全磁化。磁化步骤结束后,可用这根新磁铁吸附大头针之类的物品,以此来验证磁化是否完成。

哪一端是N极

有一种方法可以确保钢针的针尖为N极。在我们磁化钢针的过程中，只要用磁铁的S极朝着针尖方向摩擦即可。

当磁铁的S极沿着针尖方向摩擦时，它将吸引钢针内部磁畴中的无数N极。磁畴整齐排列后，就会在针尖处形成磁性较强的N极。

而当我们用磁铁N极摩擦钢针时，又会发生什么呢？

2 当钢针被磁化后，请拿起吸管，将钢针穿过吸管中间部位，并取一点黏土封住吸管两端。

3 往圆形浅盘中注入适量水，并将呈十字形的钢针和吸管放入水中。钢针受相连吸管的浮力影响，会漂浮在水面上，并发生转动，直到一端指向北方。请如前文所述，用钟表看时间，并通过太阳方位来判断钢针的哪一端指北，哪一端指南。记住太阳每天总是东升西落。

4 拿起记号笔，在圆盘边沿上依次标出东西南北。简易磁罗盘制作完毕。

视频演示

指南针的指针总是指向北方。之所以叫它"指南针"而不叫"指北针"，只不过是长期沿袭下来的习惯而已。人们在野外旅行时，常用指南针来指引方向。

电磁铁

　　普通条形磁铁周围总是分布着磁场，这种磁铁是永磁铁。我们也可以在铁棒或铁螺栓上缠绕些导线，给导线通电，铁棒或螺栓便会具有磁性，像磁铁一样吸附物体。这种磁铁叫作电磁铁。电磁铁的应用非常广泛，在电冰箱、真空吸尘器等家用电器中经常能见到它的身影。

物理小百科探索　　制作电磁铁

请准备

- 1把塑料尺或木尺
- 2根塑料绝缘细导线，分别长0.5m和1m，两端去皮
- 绝缘胶带
- 1支记号笔或软头笔

- 1个小指南针

- 2只较大的铁螺栓

- 1节1.5V电池
- 1节6V电池

1　将指南针摆在桌子上，使指针正对标记"北"或"N"的一面。然后将它放在沿东西方向摆放的尺子的一端。

2　现在就可以制作电磁铁了。取0.5m的长导线和一只螺栓，将导线在螺栓上沿同一方向缠绕多圈，两端各留约10cm待用。这就是简易的电磁铁。将电磁铁放在尺子上，与尺子保持平行，并靠近指南针。

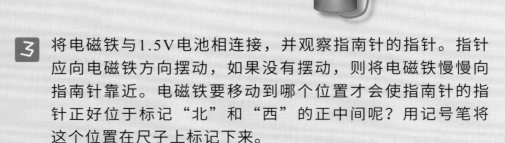

3　将电磁铁与1.5V电池相连接，并观察指南针的指针。指针应向电磁铁方向摆动，如果没有摆动，则将电磁铁慢慢向指南针靠近。电磁铁要移动到哪个位置才会使指南针的指针正好位于标记"北"和"西"的正中间呢？用记号笔将这个位置在尺子上标记下来。

4 现在再取1m长的导线和另一只螺栓来制作第二个电磁铁，导线两端应各留20cm待用。将第一个电磁铁的线头解开，再将第二个电磁铁放在尺子标记处，并使它与1.5V电池相连接。

指南针的指针发生了怎样的变化呢？它是否比之前的摆动幅度更大了呢？要记住，导线长度翻倍意味着电阻翻倍，这将使通过的电流减半。

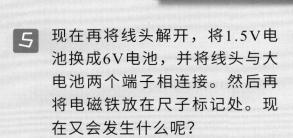

5 现在再将线头解开，将1.5V电池换成6V电池，并将线头与大电池两个端子相连接。然后再将电磁铁放在尺子标记处。现在又会发生什么呢？

使电磁铁磁性变得更强

从本实验中我们能够得出什么结论呢？普通的条形磁铁磁性是固定不变的。而电磁铁周围的磁场却能在我们手中增强或减弱，甚至完全消失不见。

怎样使电磁铁的磁性变强呢？还有其他办法吗？

6V电池输出的电流更大，这使电磁铁的磁场更强，因为电磁铁的磁性与所通过的电流强度有关。图为电磁铁中的电流变得更大时，指南针普通指针的摆动幅度就会更大。

磁铁的回收再利用

人类使用的物品有多少是由金属制成的呢？实在难以计数。许多较小的物品，如刀叉、螺栓螺母、易拉罐，都是由金属制成的。而像机器设备和汽车这样的庞大物品，也毫不例外。当我们使用过这些物品以后，即使易拉罐被压扁，餐叉被折弯，汽车出现故障不能行驶，我们也可以将这些金属废弃物装载起来，运送到指定的废品堆放场中，使它们回收再利用，成为新的金属制品。

磁铁

钢铁废料

磁铁具有搬运金属的本领

在废品堆放场和工厂中，人们会把电磁铁悬挂在起重机的大吊臂上，将沉重的金属来回搬运。在电磁铁到达待搬物料堆放点之前，它是不通电的。而在其到达之后，操作人员将接通电源，电磁铁产生磁性，就会把金属吸住、提起，并由起重机将其运至规定的地点进行处理。切断电源后，电磁铁将失去磁性并卸下所搬金属。起重机重复此操作便可以来回搬运其他沉重金属。

在废品堆放场，普通磁铁常用于从废旧金属中分拣出钢铁废料。首先，需将废旧金属进行破碎，处理成细小废料，然后再将细小废料装上可移动输送带。由于输送带一端设有磁铁，钢铁废料在传送时会被其吸附收集，而剩余废料将落入输送带末端相邻的回收箱，以待下一步处理。

垃圾场也会用电磁铁将钢铁废料从非磁性垃圾中分离出来。

磁性滚轮驱动输送带不停运转。
这块大磁铁可以从非磁性废料中
有效分拣出钢铁废料。

非磁性废料

物理小百科探索 自制磁力起重机

在废品堆放场，电磁铁常悬挂在起重机的大吊臂下，将沉重的钢铁废料来回搬运。我们不妨自己动手制作带电磁铁的起重机，用来吊起像玩具汽车之类的钢铁物体。

请准备

- 1根塑料绝缘导线，长50cm，两端去皮
- 2块硬纸板，长30cm、宽4cm
- 剪刀
- 2枚曲别针
- 1支较长的铅笔
- 胶带
- 小绳

- 1只铁螺栓，长2cm

- 1个长方形小纸盒

- 2个纸固定件或类似物品

- 1个线轴

- 1节6V电池

1

将导线尽可能多地缠绕在铁螺栓上，制成电磁铁。缠绕后两端线头要与小纸盒的长度大致相等。用绝缘胶带粘附在螺丝周围的导线上，使导线保持形状不变。

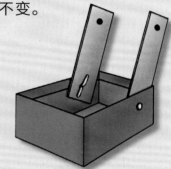

2

用剪刀在两块硬纸板的两端各开一小孔，并将这两块纸板用纸固定件固定在小纸盒的内侧。

3

现在在两块纸板未固定端之间装入线轴。可将曲别针弄直，穿过两块纸板小孔和线轴中心孔，再将曲别针两端折弯，使线轴固定在合适的位置上。

4

将另一枚曲别针适当弯折，并用透明胶带固定在铅笔一端，制成磁力起重机手柄。

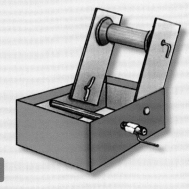

5

用剪刀在小纸盒长边大约中间的位置剪开两个稍大的对称孔，然后将铅笔穿入孔中。

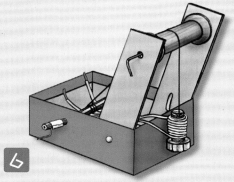

6

将小绳的一端固定在电磁铁上，另一端绕过线轴固定在铅笔杆上。如果连接正常，旋转铅笔上的手柄，电磁铁即会升降自如。

7

将小纸盒放在桌子上或其他平坦处，并将电磁铁的两个线头与电池相连接。螺栓将立即被磁化，产生磁力。

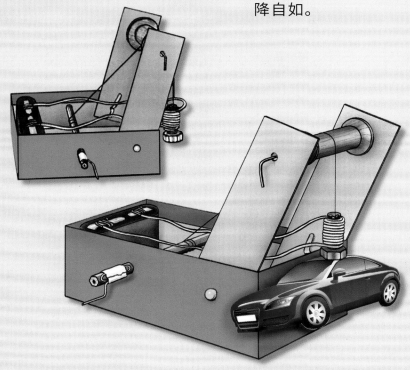

8

现在磁力起重机模型已经组装完毕，我们只要旋转铅笔上的手柄，即可提起电磁铁以及它所吸附的负载。负载可以是大头针，可以是回形针，也可以是钢铁材质的玩具汽车。若要释放负载，请先降低负载，并将电池上的接线断开，磁铁会失去磁力，负载便会被卸下。

MAGNETIC

物理小百科探索　　自制电子蜂鸣器

你知道传统电话机中就有电磁铁的身影吗？家用电表内部同样也有电磁铁。门铃发出的清脆声更是离不开电子蜂鸣器及其内部电磁铁的作用。我们不妨制作一个电磁式蜂鸣器，观察它是怎样发出蜂鸣声的。

请准备

- 2个木块，一个长10cm、宽6cm，另一个长4cm、宽2cm
- 木工胶水
- 1枚铁钉
- 1把锤子
- 1块干净抹布
- 1枚图钉
- 2根塑料绝缘细导线，分别长2m和1m，两端去皮

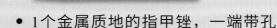

- 1个金属质地的指甲锉，一端带孔

- 1节6V电池

1 将大小两个木块用干净抹布擦去灰尘，并用木工胶水进行粘接，使小木块立于大木块一端。这即为蜂鸣器的底座。

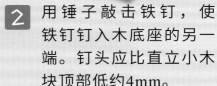

2 用锤子敲击铁钉，使铁钉钉入木底座的另一端。钉头应比直立小木块顶部低约4mm。

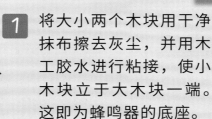

3 取长导线缠绕铁钉钉身约50圈，制成电磁铁。注意缠绕方向不要改变。缠绕后两端线头要各留约30cm。

POWER

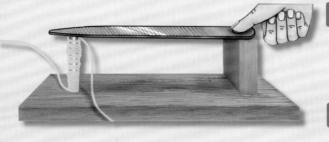

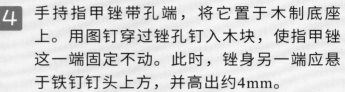

4 手持指甲锉带孔端，将它置于木制底座上。用图钉穿过锉孔钉入木块，使指甲锉这一端固定不动。此时，锉身另一端应悬于铁钉钉头上方，并高出约4mm。

5 取电磁铁上导线的任意一端，将它与电池相连接。再用短导线将电池和木制底座上的图钉相连接。

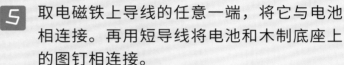

6 现在手持电磁铁上导线的另一端，将它与上面的指甲锉锉尖轻轻触碰。指甲锉会发出蜂鸣声。如果指甲锉距离电磁铁过近或过远，它都不会发出蜂鸣声。

蜂鸣声从何而来

当电磁铁的裸线头与指甲锉相接触时，电流将流过导线和电磁铁，并在电磁铁周围产生磁场。指甲锉受磁力的影响，会被电磁铁吸附并向其微微移动。

指甲锉向电磁铁移动，即会断开与裸线头的连接，电流就会停止流动，电磁铁周围的磁场随之消失，指甲锉便会反弹回来，重新触碰到导线。电流再次流动，电磁铁将再次吸附指甲锉并使其向下弯曲，如此循环往复。

由于指甲锉在导线和电磁铁之间来回振动，蜂鸣声便由此产生。

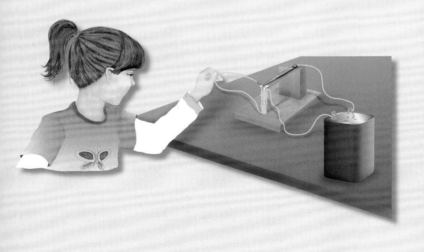

什么是螺线管

　　螺线管是一个线圈。当螺线管通入电流时，电流的作用使其周围产生了磁场。这时只要我们向螺线管中插入铁棒或钢棒，它的磁场便会大大增强。这是因为金属棒被磁化后，螺线管和金属棒的磁场相互叠加的结果。

螺线管的磁极

　　螺线管是怎样使铁棒磁化的呢？铁棒是由许多原子群即磁畴组成的。这些磁畴相当于无数微型磁铁，但因磁极的方向杂乱无章，所以整体上还不具有磁性。当铁棒进入螺线管周围的磁场后，铁棒中的磁畴沿着同一方向整齐排列。于是铁棒两端便形成了磁性更强的磁极，同时周围产生了磁场。

　　当螺线管通入电流后，它就会像条形磁铁一样具有磁极，一端为N极，另一端为S极。当我们手持铁棒并靠近螺线管时，铁棒被磁化，靠近螺线管N极的一端变成S极。同样的道理，如果铁棒靠近螺线管S极的一端则变成N极。由于异极相吸，被磁化的铁棒和螺线管便会相互吸引。

螺线管像条形磁铁一样具有两个磁极。在螺线管的这两个磁极之间分布着磁场，而磁场的表现形式为磁感线(磁力线)。

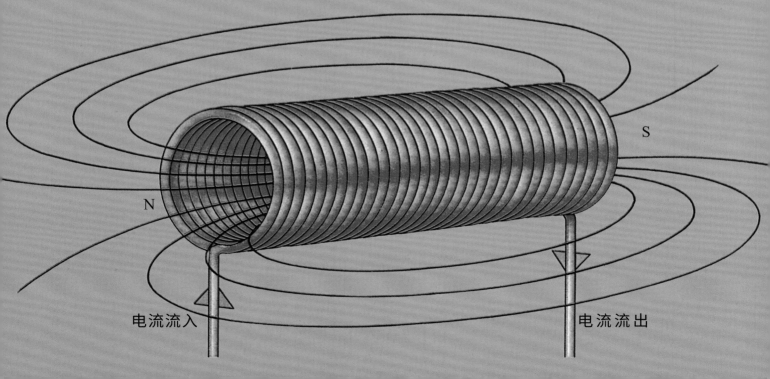

N

S

电流流入　　　　　　　　　　　　　　　　　　电流流出

物理小百科探索　　螺线管的小妙用

我们自制一个通电螺线管，观察它是怎样使内部"钢棒"发生移动的。

请准备

- 剪刀

- 1根1m长的塑料绝缘导线，两端去皮

- 1枚较长的钢质大头针

- 1节6V电池

- 1根吸管

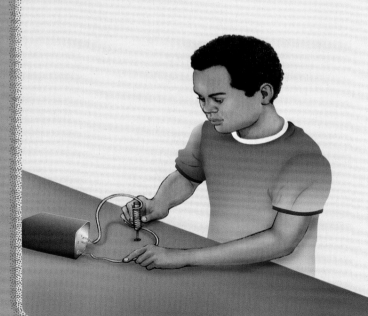

1 拿起吸管，将它剪出3cm长的一段，并用导线将这段吸管缠绕多圈，制成简易螺线管。注意不要改变缠绕方向。导线两端各留25cm待用。

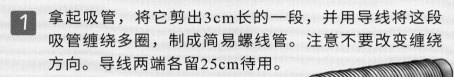

2 将螺线管线圈的一端与电池端子相连接。

3 一手将大头针头朝下直立在桌面上，另一手将螺线管套在大头针上部。暂时保持这种姿势不变。

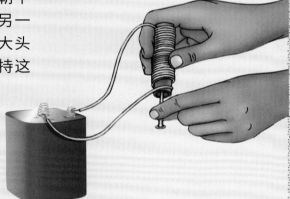

4 将螺线管线圈的另一端与电池另一个端子相连接，电流开始流动。在这个过程中，注意不要触碰导线裸露的部分。当电流流过时，大头针一跃而起，并保持不动，直到电流中断才会落下。

5 现在再将电池两个端子反着接，大头针还会被螺线管所吸附吗？这种现象与螺线管线圈中的电流方向有关系吗？

螺线管的应用

　　螺线管能像条形磁铁一样吸附铁棒。事实上，螺线管作为开关，可以应用在电子门锁、弹球机和断路器中。当我们按下电子门锁时，门锁内部的螺线管即通入电流，同时周围产生了磁场。受到螺线管通电的影响，管外金属棒将立即被磁化，并被螺线管的线圈所吸附。这一动作将门闩拉回来，门锁被打开。

螺线管和磁铁

　　螺线管能像条形磁铁一样吸附钢棒，但是，如果将钢棒换成磁铁，那么会发生什么呢？只要满足一定条件，螺线管不仅会吸附磁铁向线圈移动，还会推斥它离开线圈。在这两种因素的综合作用下，磁铁将在螺线管中来回振动。

1 当螺线管的线圈通入电流时，铁棒会被线圈磁化并吸入其中。

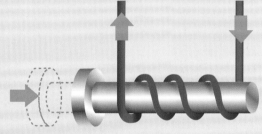

2 现在改变电流的方向，使电流反向流动。这时，铁棒仍会被线圈磁化并吸入其中。

3 现在将铁棒换成条形磁铁，再进行尝试。当螺线管线圈通入电流时，条形磁铁还是会被顺利吸入线圈。

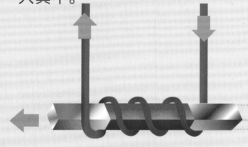

4 当电流反向流动时，会发生什么呢？线圈推斥磁铁使其远离。螺线管的线圈中电流方向不同，磁铁的移动方向也就不同。假如我们手持磁铁不动，通电螺线管则会来回振动。

扬声器的内部构造

　　作为一种电声器件，扬声器能将电信号转换成我们所听到的声音。在扬声器内部，有一种叫作振膜的薄壁锥体，它是扬声器的核心元件，螺线管就是固定在这个振膜上。螺线管内外均有磁性较强的磁铁，其通过线缆与电视机或音响系统相连接。来自电视机或音响系统的电信号，就是通过这些线缆进入螺线管的。电信号的强度和方向总是不断变化，每秒钟内的变化可高达$4×10^4$次。随着电信号的变化，螺线管周围产生的磁力也会发生变化。这种力驱使螺线管沿着磁铁发生高频往复振动。由此一来，振膜便一同振动，产生我们所听到的声音。

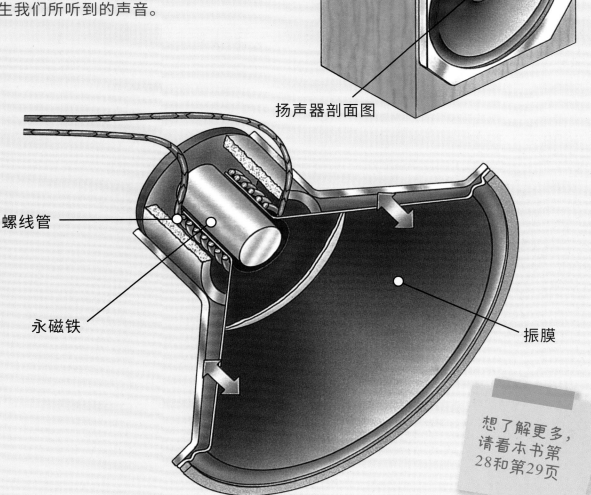

扬声器剖面图

螺线管

永磁铁

振膜

想了解更多，请看本书第28和第29页

金属探测器

你曾寻找过地下埋藏的宝藏吗？如果想要准确地找到地下金属物体的埋藏处，金属探测器会是一个好帮手。金属探测器是依靠磁力工作的。你知道它的工作原理吗？

寻宝者所使用的金属探测器通常由两个扁平探测线圈组成。这两个线圈固定在探测杆近地一端，而装有电池和电子传感器的盒体则位于探测杆手柄一端。

金属探测器可以用来寻找地下埋藏的硬币和其他金属物品。

金属探测器产生的磁场

被探测硬币感应出的磁场

金属探测器是怎样工作的

　　金属探测器有两个探测线圈，其中一个线圈产生的磁场会使地下埋藏的金属物品感应出电流。这种电流会使埋藏物自身周围产生磁场，并被金属探测器的另一个线圈探测出来。电子传感器会通过哔哔声、变亮或显示图文信息来提醒寻宝者探测器已经成功找到目标地点。另外，也有一些金属探测器只利用一个线圈来发射和检测磁场。

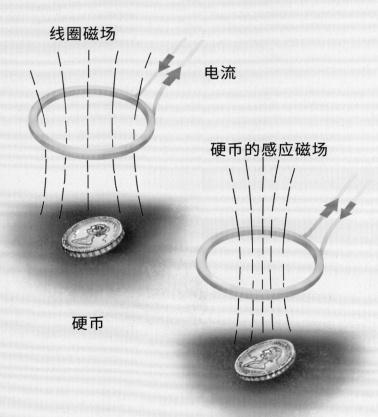

线圈磁场

电流

硬币的感应磁场

硬币

金属探测器的广泛用途

　　事实上，自动贩卖机内也装有金属探测器，用来检测投币口的硬币是真是假。机场内设有金属探测器，以便安保人员确认是否有人携带枪支等危险器具上飞机。还有探测爆炸地雷的金属探测器。而某些路段地下埋设的金属探测器还会控制交通信号灯，尤其是在主路和辅路的交叉路口。金属探测器只有探测到头顶辅路上驶来的车辆，才会控制辅路信号灯变绿放行。以上所有的金属探测器均依靠磁力来工作。

MAGNETIC

电动机中的磁铁

世界上绝大多数机器设备的运转都离不开电动机，就连吹风机和真空吸尘器等家用电器也不例外。电流和磁力的共同作用会使电动机内部的线圈旋转起来。电动机就是依据这个原理进行工作的。

直流电和交流电

电流主要分为直流电（DC）和交流电（AC）两种。直流电在电路中总是沿着同一方向传输，而交流电的传输方向则会每秒钟改变许多次。因此，电动机也分为直流电动机和交流电动机两种。其中，直流电动机通常利用电池来供电。下图即为直流电动机的剖面图。

固定电磁铁或称场磁铁，位于直流电动机内部。它可产生具有两个磁极的磁场，两个磁极间存在磁力。电动机在该磁力和电流的共同作用下进行运转。

换向器由两个铜半环组成。电动机的这一部件可使电流方向发生改变，并使电枢保持旋转。

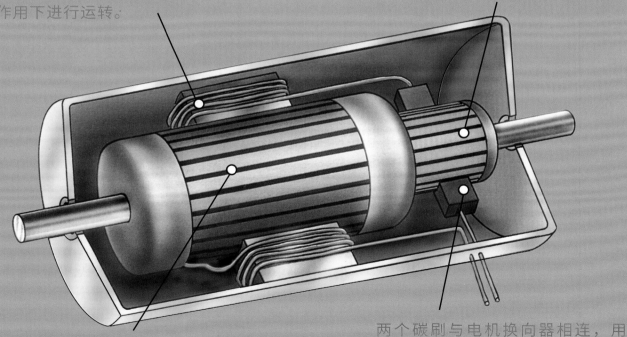

旋转线圈或称电枢，只要通入电流就会变成电磁铁。电枢在自身磁极受到固定电磁铁磁极吸引和推斥的作用时进行旋转。

两个碳刷与电机换向器相连，用于传输电流。其中一个碳刷从电池中接入电流，另一个换向器对侧的碳刷则将电流送回电池中。

直流电动机和交流电动机

　　电气列车是依靠直流电动机来驱动的。这种列车从停靠站点发车和提速都需要尽可能大的驱动力。而直流电动机恰好能在很慢的起步速度下产生巨大的驱动力，并能在各种行驶速度下应对自如，完全满足运行需求。电气列车通过车厢下的两条铁轨或头顶上的接触网来进行供电。

　　像真空吸尘器这样的家用电器和其他不少机器设备，通常使用交流电动机来工作。交流电动机跟直流电动机一样强大，但是在调速方面却稍逊一筹。从发电厂传输到千家万户的电力均为交流电，因此家用电器可以直接使用这些电力，无须将其转换为直流电。

　　法国ＴＧＶ列车曾经是世界上速度最快的列车之一。它的最快速度可达300km/h左右，主要通过车厢上面的接触网来供电，该接触网提供的是交流电。列车中有一种被称为整流器的电气设备，能将交流电转换成直流电，以供列车持续使用。

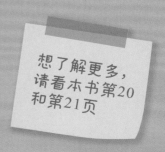

想了解更多，请看本书第20和第21页

制作简易电动机

电动机在正常工作时，内部导线会有电流通过，这种导线被绕制成可以旋转的线圈，并置于永磁铁的两个磁极之间。

当导线通入电流时，线圈周围便产生了磁场，一端为N极，另一端为S极。当线圈S极靠近永磁铁S极时，由于同极相斥，线圈将会旋转半圈，直到它的S极靠近永磁铁的N极。

在旋转半圈后，线圈连接点会正负转换，于是电流便沿着相反方向流过线圈，线圈的S极就变成了N极。由于线圈N极与永磁铁N极相斥，线圈将再次旋转半圈。这使线圈连接点回到原来的位置，正负极恢复如初，之后再次受力旋转。这一过程循环往复，电动机便会一直运行下去。

物理小百科探索　　巧妙制作小电动机

请准备

- 2枚3cm长的大头针
- 绝缘胶带
- 1根5m长的塑料绝缘导线
- 1个木块，15cm×10cm×1cm
- 2根塑料绝缘导线，长25cm，两端去皮
- 4枚铁钉，长约5cm
- 1把锤子
- 2枚回形针
- 2枚图钉

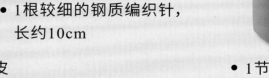

- 1根较细的钢质编织针，长约10cm

- 1节6V电池

⚠ 本实验进行时须有成年人在场陪同。

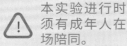

- 1个大软木塞

- 2块磁性较强的条形磁铁

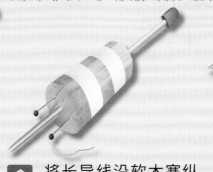

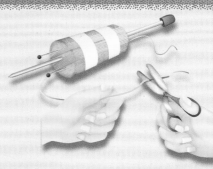

1 请父母帮忙将编织针从软木塞中间穿过。再将2枚大头针轻轻敲入该软木塞中，要使它们位于编织针两侧，并与编织针距离相等。敲进去之后，大头针均应露出软木塞约1cm。

2 将长导线沿软木塞纵向缠绕30圈，注意缠绕方向要保持不变。用透明胶带将缠绕的导线进行粘接固定。导线两端线头各剥去约2cm绝缘皮待用。

3 将导线两端线头在2枚大头针上分别进行缠绕。

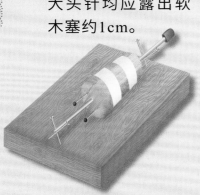

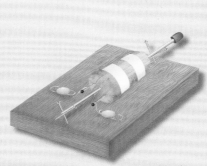

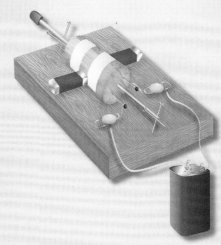

4 让父母帮忙将4枚铁钉两两钉在木制底座的两端，并呈X形。将编织针连同软木塞架在两组X形铁钉的上面，并且软木塞不得触及木制底座。

5 取1枚曲别针，将它的一端竖起来。分别用图钉将2枚曲别针固定在木制底座上，使其竖立一端与软木塞上的编织针相接触。当软木塞旋转时，大头针和曲别针须能触碰得到。

6 取2根短导线，用它们将电池和2枚曲别针连接起来。将2块磁铁分别放在软木塞两侧，使N极和S极相对而不是吸附在一起。用手拨动软木塞，这台小电机将会开始转动。假如电机停止转动，请检查上述操作步骤是否正确。

发电机的内部结构

19世纪初期，丹麦科学家汉斯·克里斯蒂安·奥斯特（Hans Christian Oersted）最先揭示了电和磁之间的联系。到了1831年，英国科学家迈克尔·法拉第（Michael Faraday）研制了第一台用磁力产生电流的设备。这种设备被称为发电机。

当一根导线在磁场中移动时，导线中会产生感应电流。在简易发电机中，两个磁极之间的线圈会在动力装置的作用下进行旋转。由于磁场的作用，随着线圈的旋转，导线中可产生电流。

发电机电流是怎样传输的

发电机中线圈的两个导线端连接到两个环形部件上，即滑环。这两个滑环是与线圈一同旋转的，而且滑环还要与两个被称为碳刷的固定碳块紧密接触。因此线圈中产生电流后，要先经过滑环、碳刷，然后才会进入输电线路进行传输，以供千家万户来使用。

简易发电机内部有一组线圈，这组线圈在磁铁的两个磁极之间不断旋转。随着自身的旋转，线圈中会产生电流。该电流通过滑环与碳刷从发电机中向外输出。

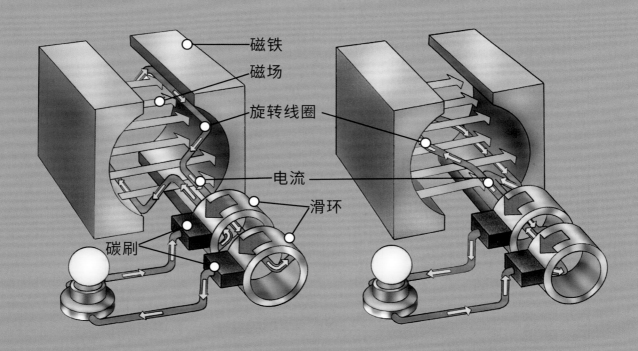

磁铁
磁场
旋转线圈
电流
滑环
碳刷

发电机的种类

发电机有大有小。它们可以小到放在手掌上，也可以大到超过一栋房屋。发电机分为不同的种类，有的发电机可以产生直流电，而有的则可以产生交流电。

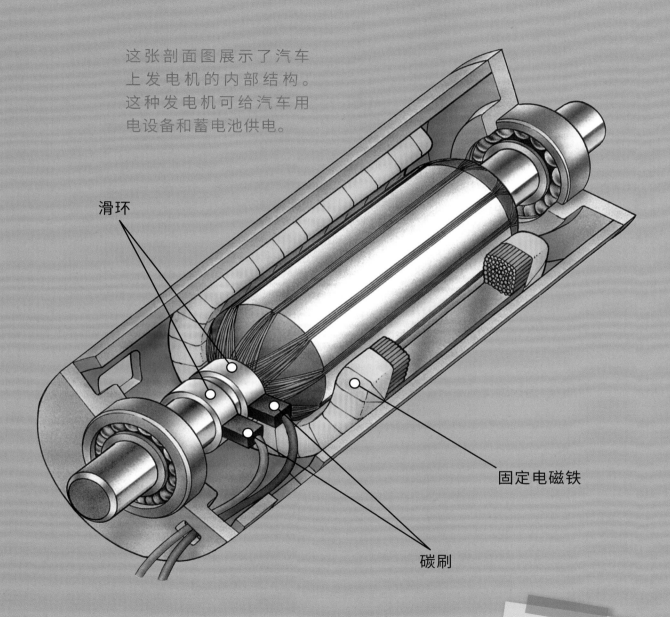

这张剖面图展示了汽车上发电机的内部结构。这种发电机可给汽车用电设备和蓄电池供电。

滑环

固定电磁铁

碳刷

想了解更多，请看本书第30和第31页

悬浮的磁铁

印度街头艺人能在没有任何人拉拽的情况下使地面上的绳子笔直上升，这就是"通天绳"。也有一些魔术师可以在周围没有任何支撑的条件下使物体甚至人看起来悬浮在空中，这种表演被称为悬浮术。

我们可以利用磁铁使物体悬浮起来。

物理小百科探索　　　磁力小魔术

请准备

- 棉线
- 1枚曲别针
- 透明胶带
- 1张纸

- 1块磁性较强的磁铁

1 将棉线一端系在曲别针上。

2 用胶带将棉线另一端粘在桌面上。

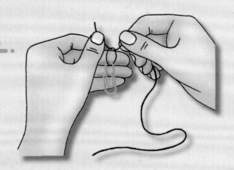

3 在磁铁不接触到曲别针的情况下，曲别针被吸起来了吗？

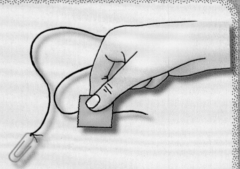

4 在磁铁和曲别针之间放一张纸，表明它们并没有接触。这是不是有点像简化版的"通天绳"？

视频演示

物理小百科探索　　磁力悬浮术

在上一个实验中，曲别针因受到磁铁的吸引而悬浮在空中。事实上，我们也可以利用磁铁同极相斥的道理来使物体悬浮起来。

请准备

- 剪刀
- 1张质地较硬的空白纸，长约35cm、宽约20cm
- 胶带

- 2块磁性较强的条形磁铁

1 用剪刀在空白纸中间部位沿着纵向剪出一个细长的口子。开口长约12cm、宽约3cm。然后将这张纸卷成纸筒，并用胶带沿长边将纸筒粘附定形。

2 将纸筒直立在桌面上，并将两块磁铁一上一下放入纸筒中，使它们两个的N极相对。通过开口观察，上面的N极是会悬浮起来，还是会与下面的N极保持紧密接触呢？

当磁铁的两个S极相对时，又会是什么情形呢？

科学家利用磁力悬浮的思路研制出了一种特殊的磁力轨道。这种轨道通常呈U形，底部固定着磁铁。这些磁铁上面即为可移动平台，它们与该平台下面固定的磁铁是相互推斥的。平台上面可以装载汽车引擎等重载货物。该平台配有小轮来保持磁铁上下相对，以防止发生侧向移动。如果轨道采用的是电磁铁，只要对电磁铁的电流进行通断控制，即可使货物沿着轨道进行运输。

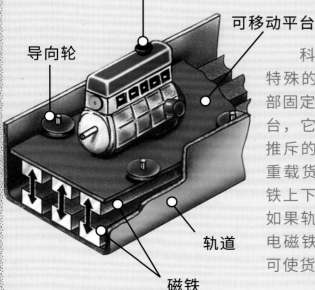

重载货物　可移动平台　导向轮　轨道　磁铁

想了解更多，请看本书第42和第43页

电磁列车

　　你能想象列车在空中悬浮行驶吗？这种列车称为磁悬浮列车，目前已经在多个国家投入使用。与普通列车相比，磁悬浮列车运行速度快且噪音小。磁悬浮列车需要使用一种被称为导轨的特殊轨道，因此比其他列车造价更高。

　　磁悬浮列车按照悬浮方法分为两种：超导型磁悬浮列车和常导型磁悬浮列车。超导型磁悬浮列车利用电磁斥力使列车在导轨上悬浮。这种磁力非常强，它能使满载的列车升起并悬浮在导轨上方10cm处。常导型磁悬浮列车则利用电磁吸力使列车在导轨上悬浮。当导轨下方的电磁铁通入电流时，列车就会被上面的导轨钢板所吸附并悬起。

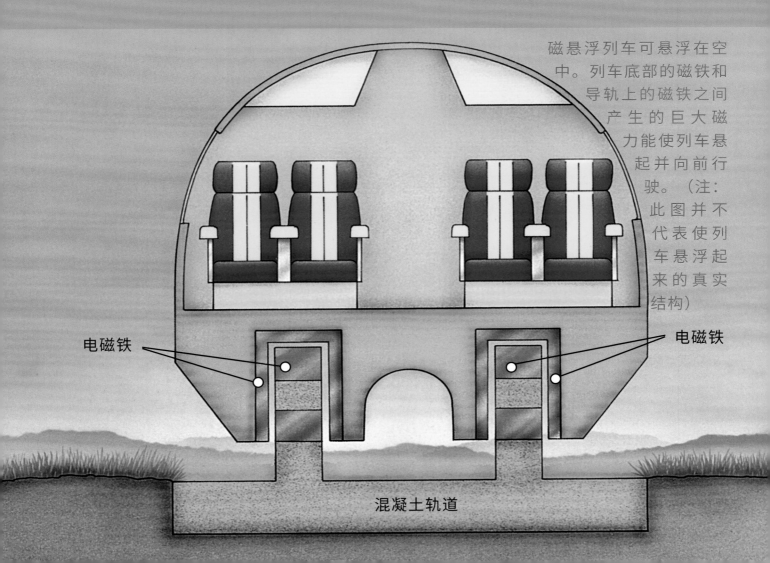

磁悬浮列车可悬浮在空中。列车底部的磁铁和导轨上的磁铁之间产生的巨大磁力能使列车悬起并向前行驶。（注：此图并不代表使列车悬浮起来的真实结构）

电磁铁

电磁铁

混凝土轨道

电磁列车是怎样工作的

　　电磁列车是靠线性电动机牵引运行的。"线性"一词，顾名思义就是直线。因此，线性电动机也被称为直线电动机。事实上直线电动机和所有其他电动机的工作原理均是相似的，只不过它沿着直线输出动力，而不是以旋转的形式输出动力。电磁列车的轨道是一块又长又直的电磁铁。当这块电磁铁通入电流时，电磁列车会像普通电动机驱动线圈旋转一样，在直线电动机的推动下，沿着轨道向某一方向行驶。随着电流的变化，电磁列车可以实现发车、停车、变速等操作。

　　在未来，电磁列车的行驶速度将有望达到500km/h，甚至更高。而普通列车由于存在轮轨摩擦阻力的缘故，则远远达不到这个速度。

这节磁悬浮列车位于中国上海，每天都行驶在高高架起的轨道上，成为城市一道靓丽的风景线，吸引着中外游客前来乘坐。

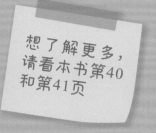

想了解更多，请看本书第40和第41页

超导体

普通的金属导线可以使电流流动，我们将其称为导体，通常由铜或铝制成。它所传导的电流实质上是流动的电能，即电子流。在大多数导体中，移动的电子经常与原子碰撞，并损失能量，而这种损失的能量将会转换成热能。科学家称这是因为导线对电流有阻碍作用，这种阻碍作用的大小便称为电阻。

当金属导线被冷却到极低温度时，奇迹则会发生。金属中的电子移动起来将畅通无阻，不再损失能量，而这意味着电阻消失了。电阻的消失使电流很容易在导线中流动，这种状态下的金属称为超导体。在超导体中，电流是畅通无阻的，电能不再转换成热能。

我们如何利用超导体

科学家们正在寻找使用超导体材料的方法。他们所测试的超导开关器件一旦用在计算机上，将使计算机的运算速度得到很大提升。超导体材料还可以应用在医疗设备上，检测人体中的微弱磁场以帮助医生准确诊断患者体内的疾病。

超导体独具的超导性将有助于实现电动机和发电机的小型化以及高效化。

金属丝中振动的电子与原子碰撞，使电流的流动受到阻碍，并使部分电能转换成热能，导线便出现发热现象。

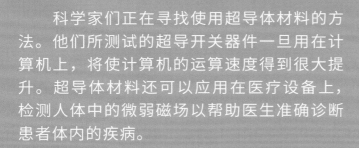

想了解更多，
请看本书第42
和第43页

随着金属导线的冷却，
电阻降低，电流传输变
得更加顺畅。

磁力小魔术

科学家们已经想出了一个办法来演示超导体的工作过程。他们找来一块磁性强、重量轻的磁铁，将它放在一个由超导体材料制成的圆盘上方，结果磁铁下降了一点，悬浮在超导圆盘上面。这是由于磁铁的向下移动使超导体中产生了感应电流。

超导体本身不存在电阻，因此内部传输的电流畅通无阻且不损失任何能量。这种畅通无阻的电流会形成强大的磁场。当科学家们在超导圆盘上方悬放磁铁时，随着磁铁的下降，圆盘产生的磁场将推斥上面的磁铁。磁铁因此悬浮在空中。

电磁辐射

　　将前面章节制作好的电子蜂鸣器放在一台打开的调幅收音机旁。当电子蜂鸣器工作时，收音机扬声器将发出"滋滋""咔咔"的杂音。这些杂音在电子蜂鸣器和调幅收音机之间通过空气自由传播。

　　电子蜂鸣器是通过将电流快速接通和断开来进行工作的。当电流接通时，电路中的导线周围将产生磁场。而当电流断开时，电路中的导线周围的磁场又会立即消失。在这一过程中，一种电磁辐射能量会从导线中传播出来。正是这种能量导致收音机发出"咔咔"的声音。

　　当电磁辐射能量从辐射源向外传播时，它不断由强变弱，再由弱变强。这种不断变化的能量便构成了一种运动形态，科学家们将其称为"波"。

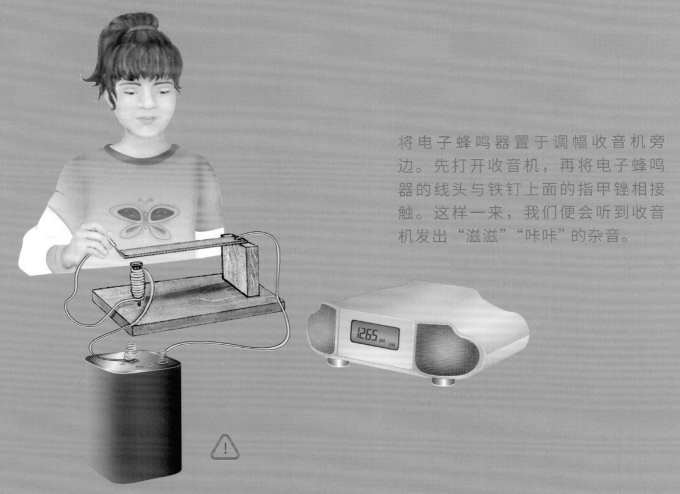

将电子蜂鸣器置于调幅收音机旁边。先打开收音机，再将电子蜂鸣器的线头与铁钉上面的指甲锉相接触。这样一来，我们便会听到收音机发出"滋滋""咔咔"的杂音。

什么是波长

电磁波在空间中是沿直线传播的，它们所包含的电场和磁场以相互成直角的角度来回移动，并均与能量流垂直。电场和磁场中重复出现的两个对应点，比如同一方向相邻的两个强度最大值之间的距离是可以被科学家测量出来的。这种距离就是电磁波的波长。它的计量单位可以是米、分米、毫米或更小的长度单位。

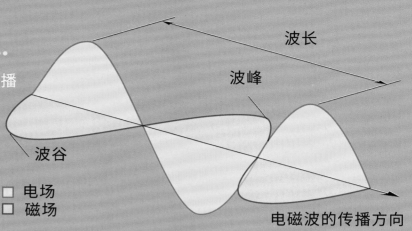

波长

波峰

波谷

☐ 电场
☐ 磁场

电磁波的传播方向

什么是频率

对着墙壁打球时，球在1min之内撞到墙上又反弹回来的次数反映了拍球的频率。科学家通过计算电场和磁场的变化次数来测量电磁波。电场和磁场的强度从某一方向最大值降为零，再达到反方向最大值，然后再降为零，最后回到原方向恢复最大值，这就是波的一个完整周期。这一完整周期在每秒内完成的次数即称为频率。频率的计量单位为赫兹（简写为Hz）。

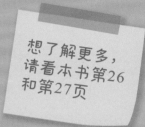

想了解更多，请看本书第26和第27页

红色波形的频率要比蓝色波形的频率低些。这是因为红色波形的波长更长。

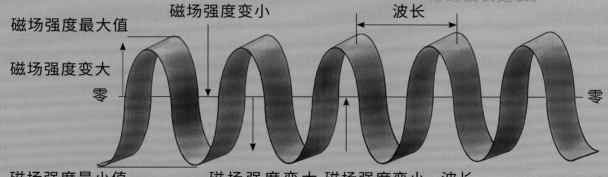

磁场强度变小

磁场强度最大值

波长

磁场强度变大

零

零

磁场强度最小值

磁场强度变大 磁场强度变小 波长

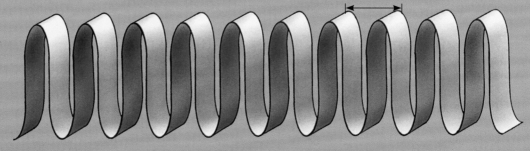

红色波形展示了无线电波传播时磁场强度的变化。

原子的发光现象

可见光是电磁波谱的一部分，科学家已经找到两种方法来发出可见光。其中一种方法是将某种东西加热，直至它发出光来，例如灯丝。另一种方法是在某种气体中通入电流，例如荧光灯里的气体。后一种灯具有玻璃管，里面填充了有助于发出荧光的气体，比如氩气。在这两种方法中，可见光均是由一种称为原子的物质微粒发出的。

原子和电子

世界上的物质无论是固体、液体还是气体，均由原子构成。原子极微小，是人类肉眼所看不到的。即使在显微镜下能看到的最小斑点也含有上百亿个原子。每个原子均有一个原子核，位于原子中心，原子核周围环绕着电子。正是原子中电子所携带的能量引起发光的。

原子能够吸收外界的能量，并变得活跃起来。于是电子便会运行到远离原子核的轨道上去。

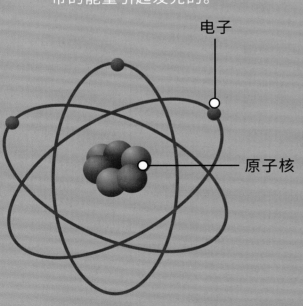

原子由位于中心的原子核及其周围的电子组成。电子始终围绕原子核运转。

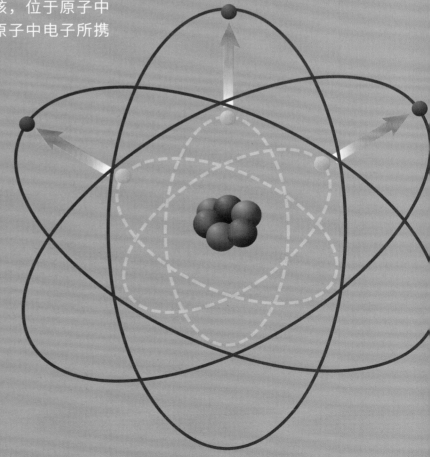

光子

当物质受热或通电时，它的原子会吸收能量，这个过程称为原子的激发。随着每个原子被激发程度的加深，它的电子将会逐渐运行到远离原子核的轨道上去。

但是原子并不会长时间处于激发态。当电子返回到原来的能级上时，它们会再次接近原子核，这一过程会将它们所吸收的能量释放出来。这种能量是以光能粒子的形式释放出来，科学家们将该微粒称为光子。可见光即为光子流。

白光的产生

当电子释放光能时，它们释放出能量不同的光子，这些光子组成了不同颜色的光。光谱一端红光光子所携带的能量要比另一端紫光光子更少些，当这些色光的光子混合在一起时，便会产生白光。

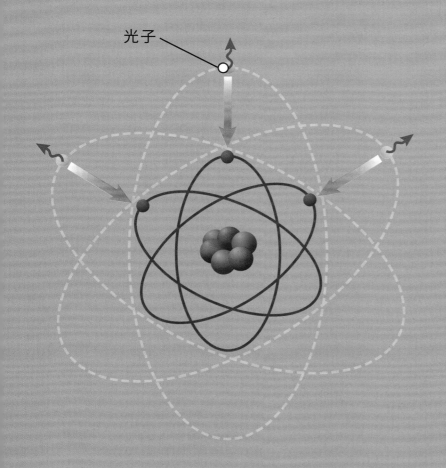

光子

想了解更多，请看本书第46和第47页

原子不会长期处于激发态。它们的电子仍会返回到初始位置，并将自身所吸收的能量释放出来。这种能量是以光的微粒即光子的形式进行释放的。

光的速度

　　我们已知的任何事物的速度都不及光速快。如果一个物体能以光速飞行，那么它在1s内就可以绕地球7.5圈。从1.5×10^8km之外的太阳所发出的光到达地球只需要大约8min。而一辆汽车即使以1000km/h的速度走完同样的距离也需要17年之久。

上图中的潜水者发出一束光，以便对水面下的珊瑚进行拍摄。光在水中要比在空气中传播得更慢些。

光速究竟有多快

假设下图中的男孩是一道光线，他可以在1s内环绕地球飞行7.5圈。

地球

光线

在真空中，光的传播速度可以达到299792km/s。而在空气中，光的传播速度降为约225000km/s。玻璃对光的阻碍作用更加明显，光在玻璃中的传播速度仅为197000km/s。

光只有在某种物质中传播时才会降低速度，而当光离开该物质表面时，它的传播速度将会恢复。

例如，当光进入人眼晶状体时，它的传播速度会降低并发生折射，这意味着光的传播方向发生了改变。天文学家通过天文望远镜来研究天体，摄影师使用照相机来拍摄照片，这些都离不开镜头，而这正是光在介质中传播时速度减慢的现象在现实生活中的应用。

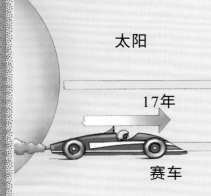

太阳

17年

赛车

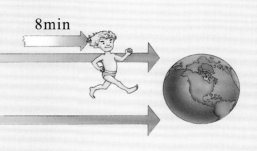

8min

上图中的男孩如果以光速移动，他只需要大约8min便可从太阳抵达地球。而赛车即使行驶速度达到1000km/h，它走完相同的距离也要花费17年时间。

光的颜色和波长

　　我们不妨把光看作是以波的形式传播的特殊物质。白光可以被分解成各种单色光，因为每种单色光均由特定长度的波组成。两个相邻波峰之间的距离被称为波长。每种单色光均有特定的波长，其中紫光波长最短，红光波长最长。

光的三个基本色

　　彩虹由红、橙、黄、绿、青、蓝、紫等颜色组成，这并不是彩虹所呈现出的全部颜色。仔细观察彩虹，就会发现还有其他颜色。这些颜色所形成的整条光带即称为可见光谱。

　　可见光谱中有红、绿、蓝三种颜色，称为光的三原色。这些颜色的单色光几乎可以等量混合组成白光。将这些单色光以适当的比例两两混合或者一起混合，即可组成可见光谱中的任何其他颜色的单色光。

彩虹的颜色由各种单色光的光波组成。每种单色光均有特定的波长。

彩虹是在阳光射入空气中无数漂浮的小水滴时产生的，多见于夏季雷雨天之后。

当红光和绿光混合时，即可组成黄光。蓝光和绿光的混合体为青色光，蓝光和红光的混合体则为洋红色光（紫光）。而将三原色的光以适当比例进行混合，就产生了白光。

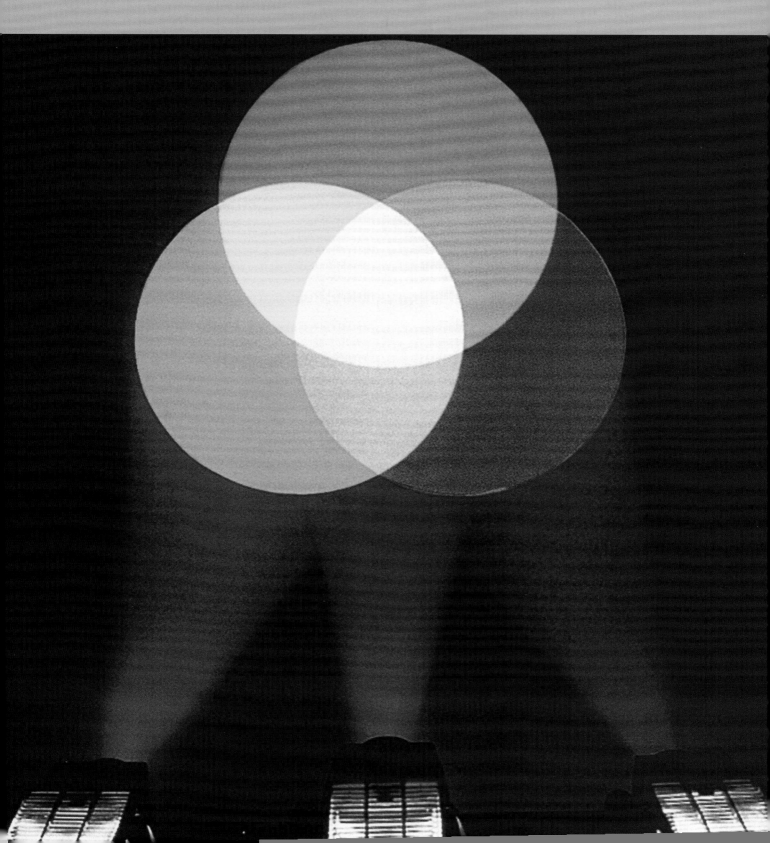

电磁波谱

电磁波从辐射源向各个方向均匀传播。它是一种辐射能，在真空中以299792km/s的速度传播，速度与光速一样快。月亮和地球之间长达384500km的距离，电磁波只需要1s多即可走完。

电磁波的频率可以低至数千赫兹，也可以高达上亿赫兹。不同频率范围的电磁波统称为电磁波谱。电磁波谱一端为伽马射线，它的频率最高；另一端为无线电波，它的频率最低。在这两者之间，则是X射线、紫外线、可见光、红外线和微波等。

人们利用电磁波已经研制出各种各样的电器、设备和仪器。其中包括X光机、照相机、微波炉、太阳能计算器、安防报警器、电视机等。

伽马射线是从放射性材料中产生的。它可用盖革计数器探测到。大部分由金属制成的厚板均能被伽马射线穿透。

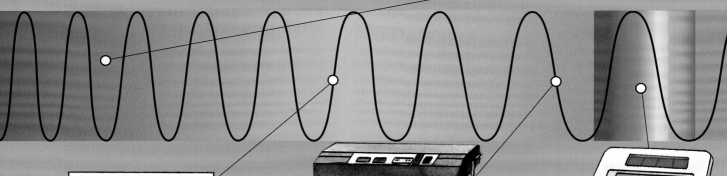

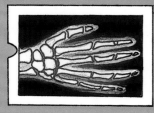

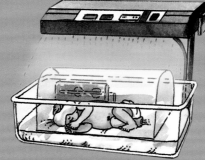

X射线能量很大，很容易穿透各种不同的材料。X射线常用于拍摄人体骨骼照片，即X光照片。

高频紫外线灯照射着保温箱中的新生儿，它对于新生儿黄疸（一种肝脏疾病）具有一定的治疗作用。

太阳能计算器利用可见光能量来产生电能。这个光生电的过程称为光电效应。

想了解更多，请看本书第46和第47页

红外线灯可以产生热量，因此，餐馆常在上菜前用红外线灯照射食物来为其保温。

微波天线能够在两地之间准确传送信号。这种天线有时还可以连接远程交换机来传送普通电话信号。

电视台要发射高频无线电波，以使观众能够收看到电视节目。许多无线电波是通过人造卫星来进行发射的。

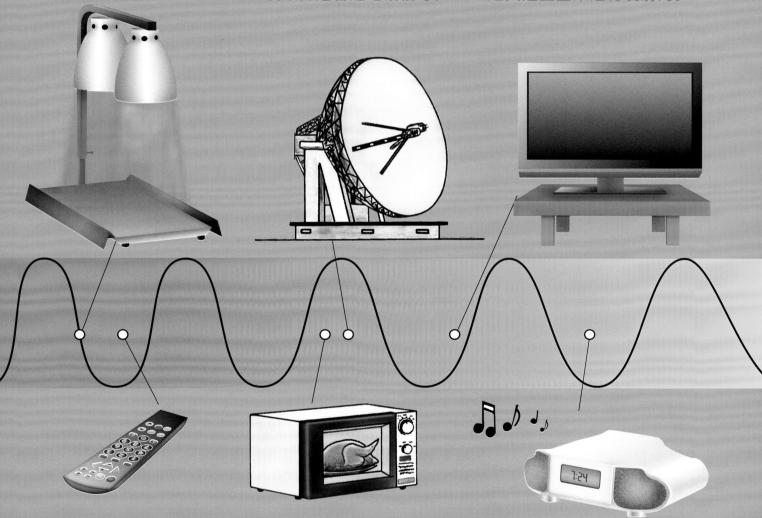

无线遥控器可以发射一种肉眼看不到的信号，即红外线，用来调出电视频道或者调整电视亮度、声音大小。

微波炉中微波产生的能量能使食物中的水分子高频率振动，因此食物才得以完成烹制。

广播电台发射的电磁波会被城市和乡村的广大用户所接收。某些广播电台的信号甚至可以覆盖全世界。

致谢

《少年科学家》出版者为在本书中使用的照片向以下摄影师、出版商、代理机构以及公司表示诚挚的感谢。

封面	© Dreamstime	45	© Bill Pierce/Time & Life Pictures/Getty Images
4	© Getty Images	50	© Bill Curtsinger/National Geographic/Getty Images
11	© Getty Images	52	© Getty Images
13	© Shutterstock	53	WORLD BOOK photo by Arnold Ryan Chalfant and Associates
35	© Getty Images		
43	© Liu Jin/AFP/Getty Images		

插图绘制人员

Martin Aitchinson

Nigel Alexander

Hemesh Alles

Martyn Andrews

Sue Barclay

Richard Berridge

John Booth

Lou Bory

Maggie Brand

Stephen Brayfield

Bristol Illustrators

Colin Brown

Estelle Carol

David Cook

Marie DeJohn

Richard Deverell

Farley, White and Veal

Sheila Galbraith

Peter Geissler

Jeremy Gower

Kathie Kelleher

Stuart Lafford

Francis Lea

John Lobban

Louise Martin

Annabel Milne

Yoshi Miyake

Donald Moss

Eileen Mueller Neill

Teresa O' Brien

Paul Perreault

Roberta Polfus

Jeremy Pyke

Trevor Ridley

Barry Rowe

Don Simpson

Gary Slater

Lawrie Taylor

Gwen Tourret

Pat Tourret

Peter Visscher

David Webb

Gerald Whitcomb

Matthew White

Lynne Willey

少年科学家
物理小百科

原子和分子

[美]世界图书出版公司 编著

燃点时光工作室 译

清华大学出版社

北 京

Original Title: Young Scientist

Copyright © 2021 World Book,Inc. All rights reserved. World Book, Inc.

北京市版权局著作权合同登记号　图字：01-2022-1886
版权所有，侵权必究。举报：010-62782989，beiqinquan@tup.tsinghua.edu.cn。

图书在版编目（CIP）数据

少年科学家．物理小百科 / 美国世界图书出版公司编著；燃点时光工作室译 .—北京：清华大学出版社，2023.2
书名原文：Young Scientist
ISBN 978-7-302-60583-6

Ⅰ．①少…　Ⅱ．①美…　②燃…　Ⅲ．①科学知识—少年读物　②物理学—少年读物　Ⅳ．① Z228.1　② O4-49

中国版本图书馆 CIP 数据核字 (2022) 第 064551 号

责任编辑：陈凌云
封面设计：燃点时光工作室
责任校对：袁　芳
责任印制：杨　艳

出版发行：清华大学出版社
　　　　　网　　　址：http://www.tup.com.cn, http://www.wqbook.com
　　　　　地　　　址：北京清华大学学研大厦 A 座　　　邮　　编：100084
　　　　　社 总 机：010-83470000　　　　　　　　　邮　　购：010-62786544
　　　　　投稿与读者服务：010-62776969, c-service@tup.tsinghua.edu.cn
　　　　　质量反馈：010-62772015, zhiliang@tup.tsinghua.edu.cn
印 装 者：当纳利（广东）印务有限公司
经　　销：全国新华书店
开　　本：212mm×272mm　　　印　　张：15　　　字　　数：323 千字
版　　次：2023 年 2 月第 1 版　　　　　　　印　　次：2023 年 2 月第 1 次印刷
定　　价：152.00 元（全四册）

产品编号：095757-01

目录 CONTENTS

世界的构成

这个世界是由无穷无尽的事物组成的。我们环顾周围，可以见到人、房屋和树木等。这些事物有不同的形状、尺寸和颜色。走近观看，它们均由不同的"材料"组成。这些"材料"有的坚硬没有温度，有的却柔软而温暖。它们可能是潮湿的或干燥的，粗糙的或光滑的。这些事物看起来千姿百态，各不相同。

世间万物有两个共同之处：一是它们均含有物质成分；二是它们都占据一定空间。物质是占据一定空间并有重量的东西。铅笔、书本、树木、空气乃至周围的一切，都是物质。人也是物质。地球是包罗万象的物质，而遍布宇宙的星辰和星际尘埃更是如此。

将饮料倒入杯中时，如不慎溢出少许，液体会呈水滴状附着在杯壁上。

什么是物质

右图所示的事物均由物质组成。

试想一下，我们将一滴水或一粒沙不断地进行切割，直到碎片小得看不到。科学家们在高倍的显微镜下，还可以将这些物质微粒切割得更小。如果微粒小到极致，可能借助显微镜也无法看清。物质的最小组成部分的真实面目我们观察不到，但有一点可以确定，世界上任何事物，无论是动物、植物、矿物，还是固体、液体、气体，均是由物质组成的。

空间和能量

鉴于空间没有实物存在，也就根本谈不上"占据空间"，因此空间不符合物质的定义。能量亦是如此，它代表的是做功能力。

向日葵舒展叶子、转动花盘追逐东升西落的太阳。地球上的花朵、树木、青草种类繁多，无处不在。

不过，物质和能量是不可分割的。大多数科学家认为，物质和能量可以理解为同一事物的两种表现形式，正如液态水和冰是水的两种形态一样。

热气球充满了受热气体，能够在
空气中飘浮。空气即为多种气体
的混合物。

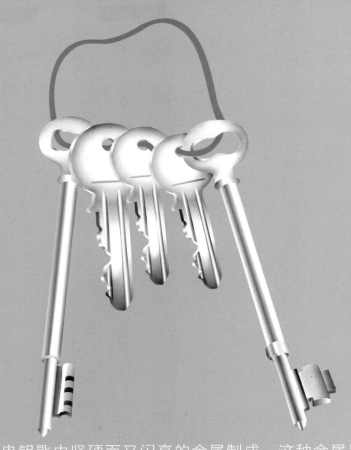

这串钥匙由坚硬而又闪亮的金属制成。这种金属是
硬的，不易变形。我们不妨找找身边的其他固体。

地球上生活着各种各样的动物。
这只漂亮的蝴蝶能在花丛中翩翩
飞舞，采集食物。

我们脚下遍布形形色色的岩石和矿物。我们从地下挖
掘矿物，建造自己的家园，也用它们生产珠宝首饰。

物质的基本单位

　　许多人玩过积木。将积木拼在一起，能组合成各种各样的形状。科学家们认为，这正是世界的缩影。某种微粒像积木一样结合在一起构成了物质。遍布宇宙的物质，均由这种微粒组成，而这就是所谓的原子。数以亿计的原子互相结合，形成了我们周围形形色色的事物，甚至我们呼吸的空气也不例外。原子是构成物质的基本单位。

　　原子非常微小，我们肉眼是看不见的。而科学家们借助电子显微镜却能捕捉到它们的身影。科学家们凭借拍摄的照片揭开了原子的神秘面纱，并建立起原子运动模型。

　　我们不妨把原子设想成缩微的太阳系。原子中心有一个组成部分，称为原子核。原子核包含两种粒子，分别称为质子和中子。原子核外面的粒子称为电子，它质量极轻、体积极小，围绕原子核运转，永不停止。原子核正如太阳，而电子就像地球和其他行星围绕太阳一样，围绕原子核运转。在物质的内部世界，运动无休无止。

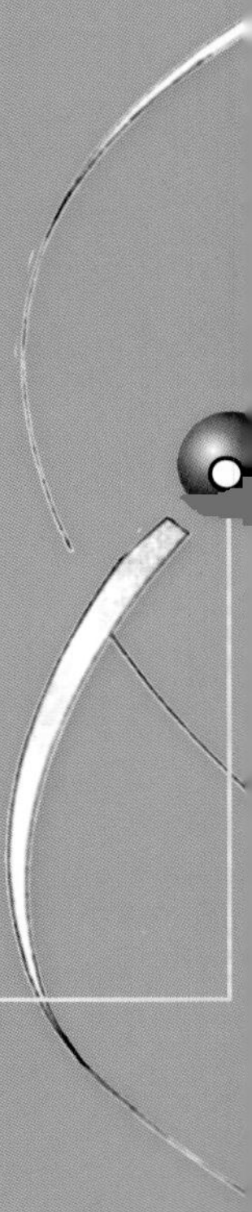

如图所示，电子围绕原子核运转。一般而言，原子的质子数和电子数总是相等的。

质子和中子紧密结合在一起，构成了原子核。

质子、中子和电子并不一定呈球状。右图仅用于帮助我们理解原子的结构和形态。

形形色色的原子

　　我们周边的物质均由原子构成。事实上，原子远不止一种，它多达上百种，并组成诸多元素。

　　元素是由大量同类原子组成的物质。所谓铁金属，便是铁原子组成的元素，氢气则是成对氢原子组成的元素。元素是最简单的化学物质。在现实生活中，我们不与原子打交道。准确来讲，我们与元素打交道。

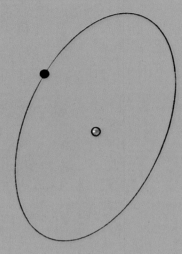

氢元素的原子有1个质子和1个电子，没有中子。

　　我们怎样区分铁原子和氢原子呢？每个原子的内部均有电子围绕原子核运转，原子核由质子和中子组成。最具代表性的氢原子仅有1个质子和1个电子。而典型的铁原子则有26个质子和26个电子。同一种元素的中子数目是可变的，但氢元素总会有1个质子和1个电子，而铁元素总有26个质子和26个电子。质子数目决定了元素的不同。

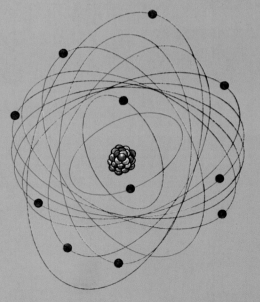

钠元素的原子有11个质子、12个中子和11个电子。

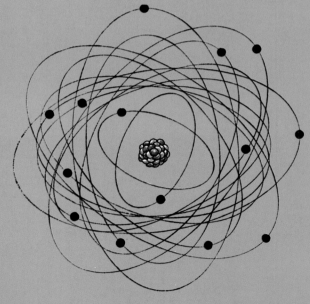

硅元素的原子有14个质子、14个中子和14个电子。

下列示意图来自7种元素。其中氢原子最轻，铁原子最重。

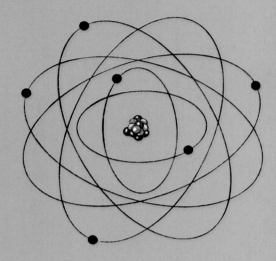

碳元素的原子有6个质子、6个中子和6个电子。

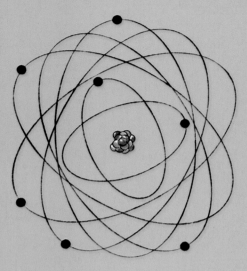

氮元素的原子有7个质子、7个中子和7个电子。

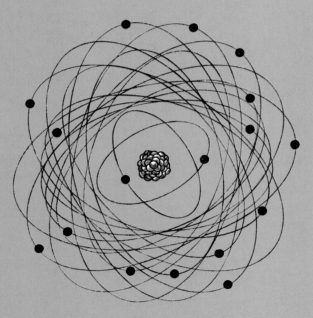

氯元素的原子有17个质子、18个中子和17个电子。

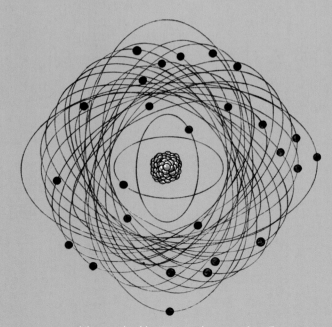

铁元素的原子有26个质子、30个中子和26个电子。

元素的种类

　　元素是我们所认知的最简单的物质，各种各样的元素一同组成了世界上所有的物质。迄今为止，科学家们已经发现了一百多种不同的元素，并有望再合成更多的元素。科学家们通常将元素分为两大类：金属元素和非金属元素。大多数元素为金属元素。科学家们罗列出所有元素，并将它们排成表，即所谓的元素周期表。环顾家中，我们能找出许多种金属。最常见的金属是铝和铁，铜或银也不罕见。钢、黄铜、青铜之类的其他金属，则含有不止一种金属元素。

物理小百科探索　　金属和非金属的区别

　　如图所示是一项简单可行的测试。我们可观察到电流通过不同元素的情况，还能观测到不同的元素使灯泡发出的亮度不同。

请准备

- 几个铁钉
- 1根木炭
- 几枚硬币
- 1个钢勺
- 一定长度的塑料绝缘铜导线

- 1节1号电池
- 1个带灯座的 1.5V灯泡
- 1卷绝缘胶带

 带左侧警告标志的实验需要成年人参与。请勿使用高功率电池，以免导线过热发烫。

1 剪三根约15cm长的导线，每根导线两端剥去约1cm的绝缘皮。取一根导线，将一端固定在电池上，另一端连接灯泡。

2 再取一根导线，固定在电池另一端。将最后一根导线与灯泡另一端相连接。在这两根导线的自由端缠上两个铁钉。

金属材料测试

通过测试，我们可以发现金属元素和非金属元素差异很大。测试实物的方法包括折弯、加热、通电，或通过肉眼观察等。某些元素虽为固体，但容易折弯、导热，也容易通过电流，是电的良导体。折弯性、导热性、导电性、光泽度或反光性是金属独有的特性。铁、镍、铜都是金属元素。金属元素在所有元素中占绝大多数。任何不具备金属全部特性的元素，都是非金属元素。

3

将两个铁钉尖搭在一起，以检查电路是否正确。如果无误，则灯泡会被点亮。然后接线即可测试钢勺、硬币和木炭能否导电。我们只需将两个铁钉尖搭在上述物品的两端即可。

4

——测试完毕，我们将发现所有物品均可点亮灯泡，只是亮度有所区别。它们都是电的导体。金属可以导电，非金属也可以导电。

上述物品中，木炭并不是金属，它不具备金属特有的反光性或光泽度，是非金属元素。

原子的结合

在盘子上滴一滴水，试试我们能否用刀将它切成两半。如果切割以某种方式得以实现，周而复始，我们最终将切割出水的最小组成部分——分子。水分子再次分割，将出现2个氢元素的原子和1个氧元素的原子。这些原子结合在一起，就构成了水分子。

水分子仅含有3个原子，即2个氢原子和1个氧原子。氢元素和氧元素均为非金属元素。

食盐由钠离子和氯离子结合而成。钠是金属元素，氯是非金属元素。

右图为某种焊料，是用于将不同金属表面连为一体的金属合金。这种合金由铅原子和锡原子构成，铅元素和锡元素均为金属元素。

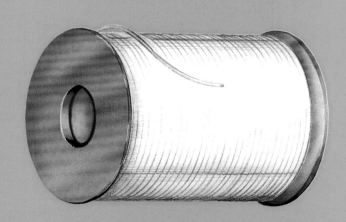

离子和合金

　　不同元素的原子并不总是结合在一起的，但它们的离子或许除外。如果原子失去或得到一个电子，它会变成离子，即带电原子。多个离子连为一体，即可形成新物质，而促成这一结合过程的是离子电荷。原子在不形成离子的情况下，也可结合在一起。举例来说，两种金属元素的原子，或一种金属元素和一种其他元素的原子相结合，意味着合金生成。

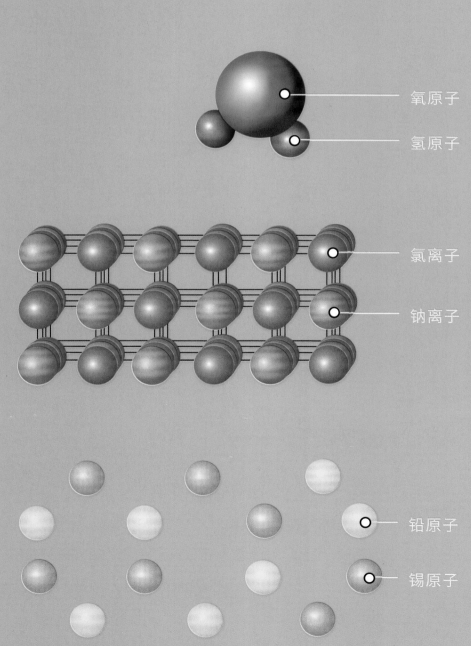

氧原子

氢原子

氯离子

钠离子

铅原子

锡原子

盐水

如果将一匙普通食盐放入水中搅拌，食盐似乎缓慢地消失了，食盐在水中溶解了。当某种物质溶解在液体中时，我们将其统称为溶液。

可以被溶解的物质称为溶质，将溶质溶解的液体称为溶剂。液态水是良好的溶剂。我们不妨取几种固体食物，分别舀半勺放入水杯中搅拌。我们将很快发现，哪种物质是可溶物，即会溶解于水中；哪种是不溶物，即不能溶解于水中。

溶剂　＋　溶质

食盐为什么会溶解

像食盐这样的固体物质为什么会被溶解呢？固体食盐颗粒紧密结合在一起，而液体颗粒是自由移动的。当食盐与水混合时，钠离子和氯离子吸引水分子，水分子会将两种离子包围并彼此分开。随着越来越多的离子挣脱固体盐的束缚，食盐逐渐消失不见。

如果将大量食盐放入少量水中，水分子是不足以将盐离子溶解的。只有更多的水才能将食盐完全溶解。需要说明的是，某些固体物质是不溶于水的。水分子不能将它们的原子或离子彼此分开。

如图所示为食盐溶液，钠离子和氯离子被水分子包围并彼此分开。

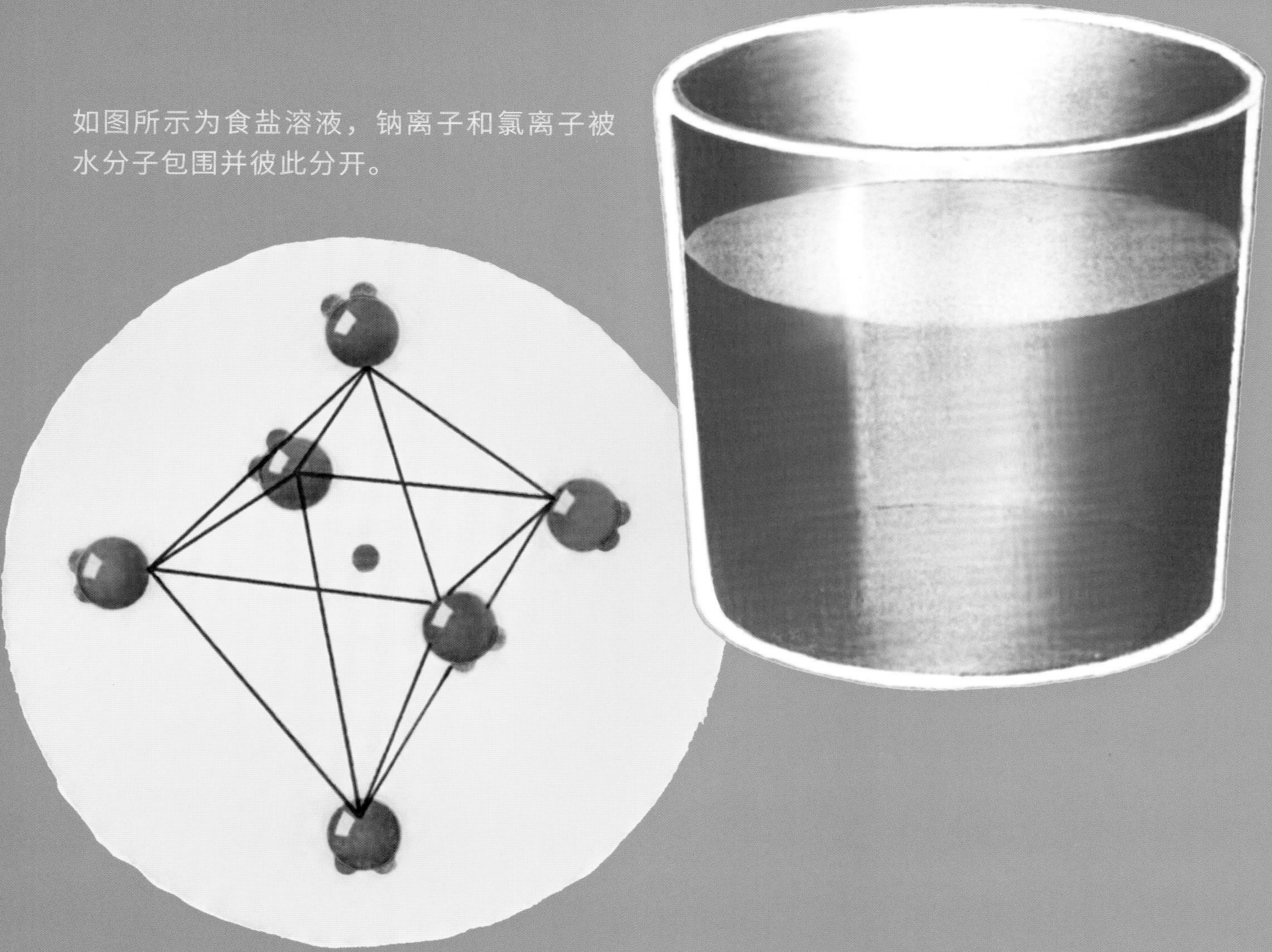

溶液

化合与混合

元素通常不单独存在，它们大多以混合物或化合物的形式呈现。混合物和化合物可以是固体、液体或气体，并由不止一种元素的原子构成。

化合物

食盐是一种化合物，由两种元素组成，即氯元素和钠元素。这两种元素的原子结合在一起或发生反应，即可产生新物质。钠是柔软而易分解的金属元素，只能在防潮密封的容器中安全保存或浸油保存。氯则是有毒黄绿色气体。两者结合在一起，可形成名叫氯化钠（也叫食盐）的化合物。这种结合称为化学反应。一旦发生反应，化合物中的原子将难以分开。

钠和氯反应可生成氯化钠化合物，即食盐。

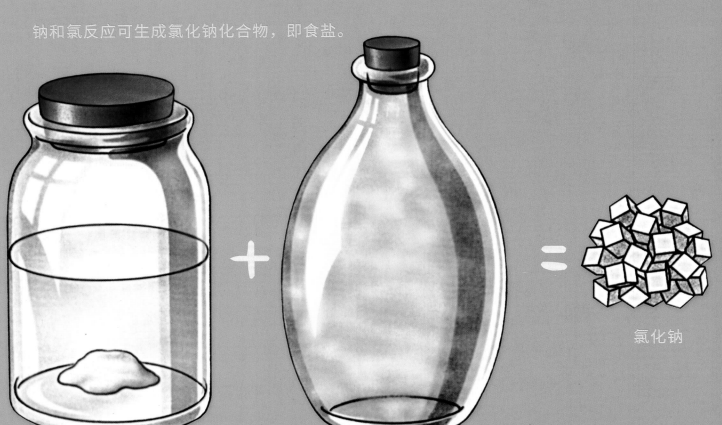

钠　　　　　　氯　　　　　　氯化钠

混合物

　　混合物由至少两种元素或化合物组成。空气即为混合物，它主要包含三种元素：氧、氮、氩；同时，还包含两种化合物：二氧化碳和水蒸气。

　　与化合物不同，组成混合物的物质能从混合物中轻易地被分离出来。这是因为这些物质之间并没有发生反应。举个例子，我们把食盐晶体和水混合，并置于盘中，水最终会蒸发直至变干，而剩余的就是食盐晶体。

食盐溶解于水中即形成食盐溶液。水蒸发后，残留物即为固体盐。

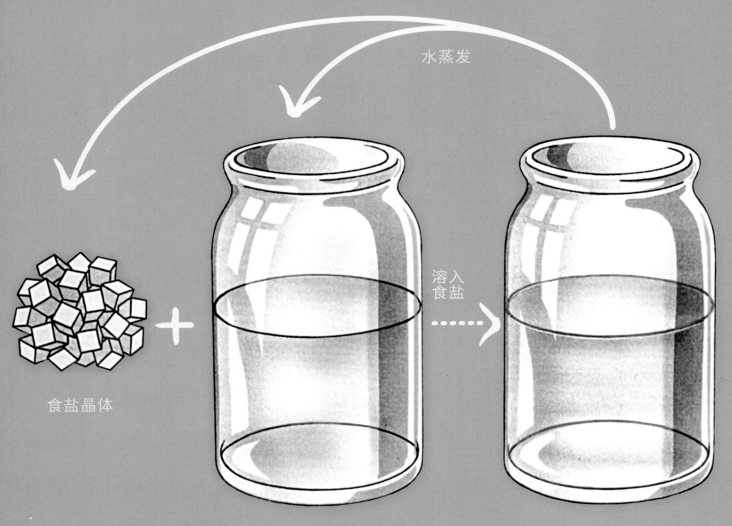

水蒸发

溶入
食盐

食盐晶体

水

食盐溶液

晶体形状

如果近距离观察盐粒，我们会发现每颗盐粒都是同一个形状。微小的盐粒形似立方体，类似这样的规则形状称为晶体。许多元素和化合物均可形成晶体。食盐的晶体易于观察，但不少其他晶体尺寸极小，我们只能通过电子显微镜进行观察。

不同晶体的原子结合在一起，形成了不同结构。晶体的7种基本结构如图所示。

锆石原子形成四方晶体。

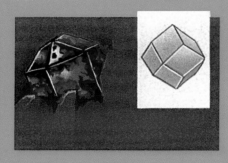

石榴石原子形成等轴晶体。

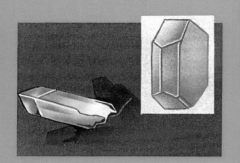

石膏原子形成单斜晶体。

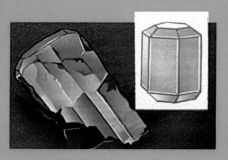

绿柱石原子形成六方晶体。

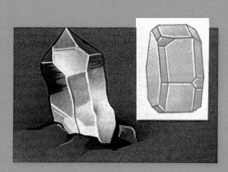

石英原子形成菱形晶体。

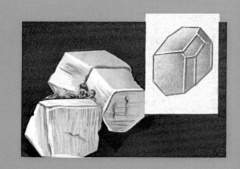

长石原子形成三斜晶体。

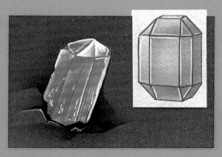

黄玉原子形成斜方晶体。

晶体如何形成

    食盐和冰均具有晶体结构。地球表面的许多岩石和金属也是以晶体形式呈现。当液体冷却或溶液变干时，即可产生晶体。在这种状况下，部分原子靠得更近。晶体之所以形成规则形状，是因为内部原子排列有序。随着时间的推移，晶体会因为吸收更多的粒子而逐渐"长大"，但形状始终保持不变。

原子能以多种模式重复排列，形成不同晶体。

酸和碱

我们都有自己喜爱的饮料，比如柠檬水或甜茶。它们一个呈弱酸性，一个呈弱碱性。如果不是因为加了甜味剂，柠檬水会口感发酸；甜茶会口感发苦。任何可溶于水中的物质，要么呈酸性，要么呈碱性，如果两者都不是，则为中性。

酸有许多不同种类。柠檬汽水含有碳酸，而我们胃中的盐酸有助于消化食物。汽车蓄电池则装满了硫酸。这些都号称是酸，不过它们的酸性强弱有所不同。碳酸酸性很弱，而硫酸酸性很强。如果我们把汽车蓄电池装满柠檬水，它产生的电显然不足以启动引擎。

碱性也有强有弱。碳酸氢钠（小苏打）是常用于烹调的弱碱，氢氧化钠则是强碱，能够清洁烤箱内的油迹。科学家使用指示剂测试酸碱的强弱。指示剂在不同的待测物中呈现不同的颜色，将其与颜色对照表进行对比，即可测定其酸碱性。该表显示的pH值范围为1～14。

pH值（酸碱度）是显示溶液中氢离子浓度的指数。pH＝1为强酸性，数值越高酸性越低；pH＝6为弱酸性；pH＝7为中性，即不呈酸性也不呈碱性；pH＝8为弱碱性。数值越高碱性越强，pH＝14为强碱性。

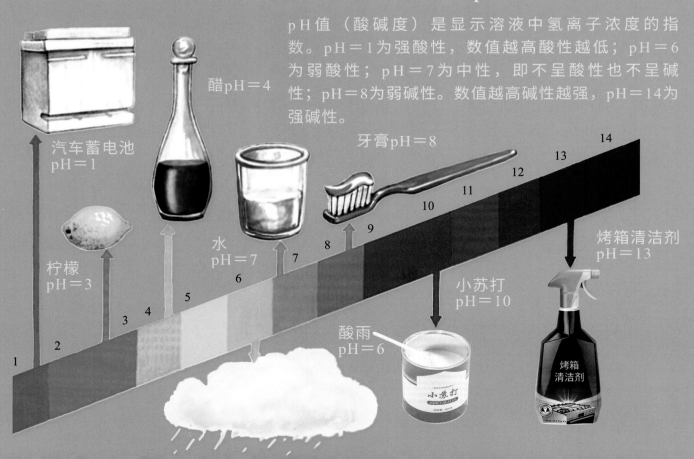

汽车蓄电池 pH＝1

醋 pH＝4

柠檬 pH＝3

水 pH＝7

牙膏 pH＝8

烤箱清洁剂 pH＝13

小苏打 pH＝10

酸雨 pH＝6

1　2　3　4　5　6　7　8　9　10　11　12　13　14

酸碱平衡

　　将酸加入碱中，酸性物质和碱性物质会相互平衡，科学家称之为中和反应。人们胃酸过多消化不良时会引起腹痛，再来看一看家庭中常备的治疗胃酸的消食片吧，我们发现其中含有碳酸氢钠，即厨房里常用的小苏打。它们是怎样发挥止痛作用的呢?

物理小百科探索　　　　　　测试酸碱性

　　请检验下列溶液的酸碱性。我们使用石蕊试纸作为指示剂测试一下吧。

请准备

- 红色和蓝色石蕊试纸
- 6个玻璃瓶
- 镊子
- 直尺
- 水
- 用于搅拌的钢勺
- 记号笔
- 标签
- 1钢勺柠檬水
- 1钢勺小苏打
- 挤一段2.5cm长的牙膏
- 1钢勺食醋
- 1截2.5cm长的粉笔

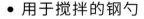

视频演示

1 各瓶均倒入2.5cm深的水。将柠檬水、小苏打、牙膏、食醋、粉笔逐一装入瓶中与水混合。将剩余的1个装水玻璃瓶放置一旁。

⚠ 液体未确认安全不得饮用。

食醋

2 按照左侧物品清单上待测物的顺序，将玻璃瓶贴上标签，并依次摆放。

3 将石蕊试纸用镊子依次放入瓶中测试。看看它们是怎样变化的。

根据颜色变化，可以判断物质的酸碱性：蓝色石蕊试纸遇酸变红，而遇碱不变色；红色石蕊试纸遇碱变蓝，而遇酸不变色；中和性物质则不能使任何一种石蕊试纸变色。

柠檬水　小苏打　牙膏　食醋　粉笔　水

固体、液体和气体

　　世界是由物质构成的。地球的地壳是固体，海洋是液体，而空气是混合气体。某些种类的物质，比如岩石和树木统称为固体，它们的形状不容易发生改变。柠檬水和普通水由于具有流动性，因此称为液体。如果我们将液体倒入容器中，它可沿着容器形状流动并将其注满，而容器内的液面是水平的。气体呢，比如我们所呼吸的空气，则填满了天地之间，遍及世间各个角落。

　　物质仅在适当温度下保持固体、液体或气体状态。如果它们受热或冷却了，形态则会发生变化。

　　如果将水倒入容器并置于冰箱中冷冻，液态水会变成冰，成为固体。如果将水加热直到沸腾，液态水会变成水蒸气，成为气体。

尽管地面上仍有积雪，日本猕猴还是找到一处热气腾腾的温泉来浸泡全身。这里的温泉水从地球的深处冒着气泡到达水池的表面。

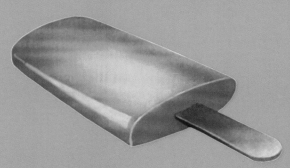

冰中的水分子表现不活跃。它们聚集在一起形成固体。

液态水分子移动自由。

当水由液态变成气态时，水分子移动加速并扩散出去。

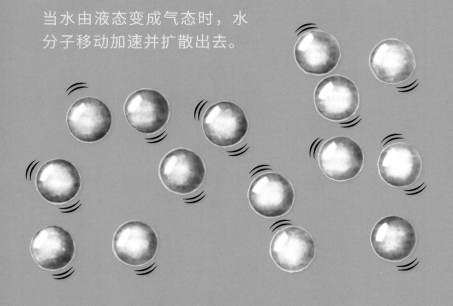

冻结和融化

　　如果我们将液态水放入冰柜，它将很快冻结成冰块。如果我们从冰柜中取出冰块，它又会融化成液态水。冰是固态的水，将水冻结成冰，只会改变它的存在形式，并不改变它们是同一种物质的事实。水在温度降至0℃以下时会冻结成冰，而冰在温度升至0℃以上时会融化成水。这个温度称为水的凝固点（冰点），也称为冰的熔点。

冻结

　　当水冷却时，它的粒子失去能量，移动开始变得缓慢。在这个过程中，它们离得越来越近。一段时间后，它们紧靠在一起，液体即冻结成为固体。

在我们这个星球上，夜间气温降至冰点以下，水会冻结成冰。白天随着气温升高，冰又会融化成水。

融化

　　在冰和其他固体中，粒子彼此靠得很近，难以移动。这正是固体坚硬和不可压缩的原因。这些粒子处于固定位置，虽然来回震动，但并不彼此分离。如果我们将像冰这样的固体加热，粒子震动会逐渐加快。一段时间后，粒子积蓄了大量能量，它们的移动速度会变得更快，最终挣脱彼此的束缚。一旦发生这种情况，固体即融化成为液体，粒子得以自由移动，这就是液体之所以可以流动的原因。

物理小百科探索　　　活跃的水分子

　　当固体融化时，它的分子挣脱彼此的束缚，开始以液体的形式移动。当液体变热时，分子移动得越来越快，最终会逸出液体表面，成为气体。

请准备

如图所示，反映了物质变热时分子热运动加剧的现象。

- 空瓶
- 冰水
- 足以完全盖住瓶口的大枚硬币

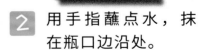

 用冰水冲洗空瓶，或将该瓶置于冰箱中至少10min。

 用手指蘸点水，抹在瓶口边沿处。

 将硬币放在瓶口弄湿的边沿处。静置大约3min后，由于瓶中空气变热，体积膨胀，硬币会啪嗒一声弹起并落下。也可将该瓶和硬币置于有阳光的窗前进行测试，看看效果是否更明显。

沸点

水沸腾时会发生什么呢？凉水倒入水壶中加热，几分钟后就会沸腾。水温不断升高，直到达到100℃，这就是水的沸点。在这一温度下，液态水变成气态水，即所谓的水蒸气。煮沸的水为什么会变成水蒸气呢？

当水处于液态时，水分子是自由移动的，它们互相碰撞、反弹。只有水面例外，这里的水分子缓慢逸出，进入空气。此时，水分子还不能彼此脱离。水分子带有微弱的电荷，使得彼此聚集不散。但当水变热时，能量向水分子传递，使之移动越来越快。最终，当水沸腾时，水面附近的水分子积蓄了足够能量，快速逸出水壶。

如果我们在窗前烧水，水壶散发出的水蒸气会呈水滴状在窗玻璃上凝结。

⚠ 沸水和水蒸气易导致烫伤，请小心操作。

蒸发和冷凝

　　水变成气体不一定需要沸腾。敞口杯中的凉水也会缓慢变成气体，即水蒸气。水分子可从空气中缓慢获取能量。没一会儿，水面水分子即可积蓄足够的能量，彼此脱离变成水蒸气。这种从液体到气体的变化过程称为蒸发。

　　我们都注意过玻璃水壶将水煮沸时，水滴沿着壶身往下流淌的现象。水蒸气升腾后，水分子与室温下的玻璃表面相遇并冷却下来。随着能量的散失，水分子移动速度减慢，并紧靠在一起变成水。水蒸气又变回了液体，这一过程称为冷凝。

我们或许都注意过清晨玻璃窗上凝结的水珠。这是室内温暖空气中的水蒸气夜晚遇冷凝结成的小水滴。

热胀冷缩

　　市面上各种喷雾罐的罐体上很多印有警示标志，警告我们不得加热罐体或将其投入火中。这是因为罐内充有气体。当气体受热时，它会膨胀起来并占据更多的空间。如果气体无处释放，罐体就会爆炸。而当气体冷却时，则会收缩并占据较小空间。

物理小百科探索　　将空气和水加热

　　请进行如下实验，看看将空气和水加热时会发生什么变化。

请准备

- 陶泥
- 1根吸管
- 1个玻璃瓶
- 1盆水
- 1块抹布

 小心热水将手烫伤！

1 将吸管伸入玻璃瓶口，用陶泥封住两者之间的缝隙。将玻璃瓶倒置，使吸管外端浸入盆内水中。

2 将抹布弄热浸湿包裹瓶身来加热瓶内空气。吸管末端是不是有什么逸出？请解释原因。

热空气和冷空气

　　热空气为什么比冷空气占据更多空间？空气是多种气体的混合物。加热空气使这些气体获取了更多能量。气体微粒四散冲出，速度越来越快，并频繁碰撞。微粒碰撞后反弹，距离拉开，就会占据更多的空间，于是气体膨胀起来。

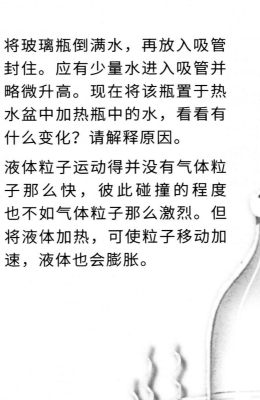

4 将玻璃瓶倒满水，再放入吸管封住。应有少量水进入吸管并略微升高。现在将该瓶置于热水盆中加热瓶中的水，看看有什么变化？请解释原因。

液体粒子运动得并没有气体粒子那么快，彼此碰撞的程度也不如气体粒子那么激烈。但将液体加热，可使粒子移动加速，液体也会膨胀。

3 现在我们换成弄凉的抹布，再试一遍。瓶内空气有什么变化？请描述你所观察到的现象并解释原因。

不可见的变化

如果通过放大镜观察食糖，我们会看到食糖有白色或褐色结晶。如果我们将食糖加热，它会融化甚至起泡。但它冷却下来后就会变成坚硬而透明的硬糖。受热时，有些物质会模样大变，有些物质却没有任何变化。沙子在普通火焰的温度下是一成不变的。科学家可以使沙子熔化，但是必须将火焰的温度升至1500℃。

某些物质受热时似乎一直能保持原样不变。小苏打是白色的粉末，当它受热时，仍保持为白色粉末。仅就外观而言，我们觉得小苏打没有变化，但实际上它已经发生变化，只是不可见而已。

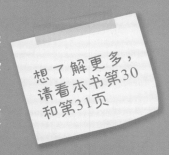
想了解更多，请看本书第30和第31页

科学家通过称量化学品的质量来测量看不到的变化。

物理小百科探索　　不可思议的一幕

如下实验演示了小苏打受热时的变化。该简易平衡装置可称量两份样品（其中一份为被加热过），观察它们的质量是否相等。可请成年人来协助。

请准备

- 小苏打
- 1个钢勺
- 一些大米

- 2块小积木和1盒火柴

- 1根吸管

- 锡箔纸

- 1根针

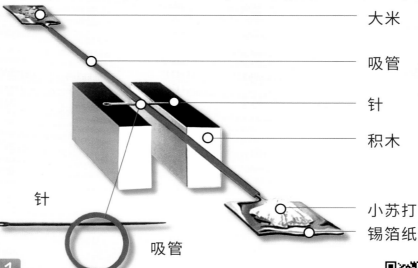

大米

吸管

针

积木

针

吸管

小苏打

锡箔纸

视频演示

1

如图所示，使用两块积木、吸管、针和锡箔纸来搭建一个简易平衡装置。可请成年人将针穿过吸管中段。

2

将一钢勺小苏打置于该装置一端，另一端放置适量大米，使两端保持平衡。

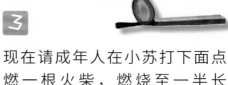

3

现在请成年人在小苏打下面点燃一根火柴，燃烧至一半长度，大约燃烧几秒钟。

起初，二者质量相等。而加热后，小苏打质量减轻，大米一端下沉。这是为什么呢？小苏打受热时，会散发出一种无色气体，使其质量减轻。

 如无成年人陪护,请勿摆弄针或火柴。

加热带来的变化

许多物质受热时会发生变化。如果冰吸收了足够热量，温度升至0℃以上，它会融化成水。甚至固态铁也能熔化成液态铁，但所需要的温度要比沸水高出许多倍，大约在1600℃。

暂时性变化

液态水或液态铁在温度降至足够低时，均可变成固态。这类变化称为物理变化。它是暂时性的，因为变化过程可逆。换言之，它无论怎样变化，总能恢复到初始的状态。

物理小百科探索　　测试各种物品变化

请做如下实验来进一步了解暂时性变化和永久性变化。可请成年人来协助。

视频演示

请准备

- 锡箔纸
- 剪刀
- 火柴
- 放大镜
- 待测物
  食盐
  食糖
  沙子
  纸张
  蜡
  木头

1 剪一片锡箔纸。

2 将其折叠并折成匙状。

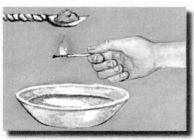

3 将少许待测物放在锡箔纸匙中。请成年人协助点燃火柴，将火苗放在锡箔纸匙下，看看会发生什么状况。

⚠ 加热物品时要倍加小心。必须有成年人协助。可将锡箔纸匙和火柴置于水碗上面，以便过热发烫时将其投入水中，确保安全。

永久性变化

　　加热也可使物质发生永久性的改变，无法恢复原状。如果我们将面包片放入吐司机里过长时间，它就成了冒烟变黑的块状物，即所谓的炭。将黑炭和它所冒出的浓烟变回面包片是不可能的。绝大多数汽车以汽油作为燃料。汽油在引擎中燃烧，使汽车沿着街道奔驰，当汽油燃烧时，排气管会排出尾气，而这种尾气是无法变回汽油的，这类变化称为化学变化。化学变化是永久的、不可逆的。

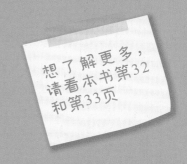

想了解更多，请看本书第32和第33页

猜猜发生了什么

　　当每个实验结束时，我们在笔记本上记录下所观测到的结果。当所有实验结束后，我们回顾一下实验结果。哪种物质没有发生任何变化？哪个样品发生了永久性变化？哪个样品发生了暂时性变化？我们不妨做一张表，使结果一目了然。

　　将被加热物与未加热的原物进行一一对比，并通过放大镜仔细观察。用燃过的火柴棍搅一搅加热残留物，看看它们是什么。

　　许多科学家在实验室工作时，会利用加热方法来研发用途广泛的新材料。加热过程可以带来诸多变化。

产生气泡

　　将两种物质混合在一起，任何状况均有可能发生。我们不妨将沙子和水放入一个较小的透明塑料容器中进行混合。沙子会沉入容器底部。但将食盐和水混合在一起，食盐则消失不见了。当我们将某些物质混合在一起时，混合物可能会冒泡。将不同物质进行混合，可能使其发生变化，甚至会生成某种新物质。

物理小百科探索　　　　制取气体

我们不妨尝试将小苏打和食醋进行混合。

请准备

- 1个宽口玻璃瓶
- 1个碟子
- 适量小苏打
- 适量食醋
- 火柴

 如无成年人陪护，请勿摆弄火柴！

1 将食醋倒入玻璃瓶中约1cm深。

2 再将一钢勺小苏打放入，并迅速用碟子盖住瓶口。看看发生了什么？将观测结果记录在笔记本上。

3 现在再加入适量小苏打。这次发生了什么？产生的反应一模一样吗？请解释原因。

4 请成人将碟子从瓶口移开，并点燃火柴，将其缓慢置于瓶内。火柴是保持燃烧还是熄灭了呢？

现象背后的原因

发生反应前瓶中均为空气。反应产生的气体将空气排出，新产生的气体填满了瓶子。这种新气体名为二氧化碳。火苗之所以熄灭是因为它无法在二氧化碳中燃烧。

食醋酸性很弱，它含有一种化学物质，叫作醋酸。而柠檬和其他柑橘类水果富含的另一种酸则酸性稍强，叫作柠檬酸。食醋和柑橘类水果都含有酸，味道强烈。

改用柠檬汁进行测试

不同的酸也能使小苏打产生气泡吗？因为柠檬酸味强烈，所以柠檬汁或许更有效。

1 将适量柠檬汁倒入玻璃瓶中，并加入一定量的水，使液体深约1cm。

2 现在如前所述进行测试。柠檬汁含有柠檬酸，因此我们期待的结果与食醋测试结果是基本一致的。

变化快慢有别

只要时间足够久，一辆光彩夺目的新车就会变成锈迹斑斑的老破车。汽车由钢材制成，含有铁金属。空气中的氧和水与铁发生反应，会产生质地疏松的红褐色铁锈。当一种物质转变成另一种物质或更多种物质时，我们一般称之为产生化学反应。某些诸如生锈之类的化学反应，其发生过程相当缓慢。

而另外一些化学反应则进行得要快许多。当火药点燃时，硫、碳和硝酸钾发生反应，会产生二氧化硫和二氧化碳气体。这种化学反应迅速产生大量气体，以极高的速度激射而出。当我们观看焰火表演的时候，就会感受到火药所发生的化学反应速度之快。

缓慢的化学反应使汽车锈迹斑斑。

高速放热化学反应使礼花在空中绽放。

物理小百科探索　加速化学反应进行

在如下实验中，粉笔和食醋被混合在一起。当粉笔溶解时，二氧化碳气体释放出来，并被收集在玻璃杯中。

请准备

- 塑料瓶
- 陶泥
- 直尺
- 剪刀
- 塑料软管
- 食醋
- 粉笔
- 玻璃杯
- 硬币
- 浅底盘（4～6cm深）

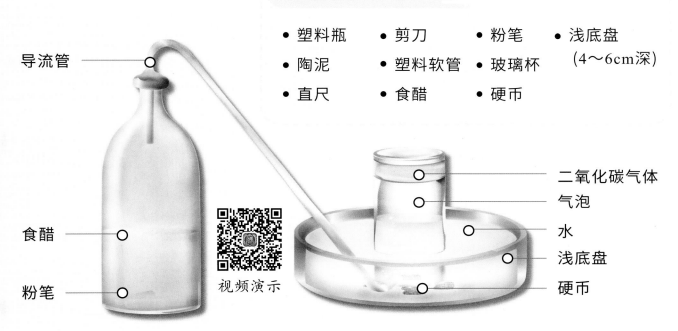

导流管

食醋

粉笔

视频演示

二氧化碳气体
气泡
水
浅底盘
硬币

1
剪一段长约40cm的软管，一端用陶泥包覆。

2
将适量水倒入玻璃杯中，并把浅底盘扣在玻璃杯上，将其整体倒置。再向浅底盘中倒些水。

3
将玻璃杯微微倾斜，始终保持杯口浸没在水中，并将软管一端小心置入杯口。如有必要，可使用硬币来保持玻璃杯倾斜。

4
将粉笔头一个个放入塑料瓶中，倒入食醋至3mm深，并将软管伸入瓶口，用它上面的陶泥密封严实。

我们有两种方法可使反应加速进行：一是将粉笔弄碎，二氧化碳将更快产生气泡；二是将食醋倒至2cm深，或使用酸度更高的食醋，以使反应加速进行。

制造新材料

将某种物质与酸碱混合，通常会发生化学反应。这些化学反应的结果通常是新材料的诞生。新材料有助于工业上生产新产品，或提升已有产品的性能。

用途广泛的酸

硫酸是非常危险的液体。它是酸性最强的物质之一。这种无色无味的油状液体，酸性足以使大多数金属被腐蚀穿透。从纸张到铁制品，我们从超市购买的许多日常用品，生产过程中都离不开硫酸。硫酸主要由硫制成，硫是自然界中单独存在的一种黄色固体，可以与石油或多种矿物结合。硫、氧和水在一起发生反应，可生成硫酸。

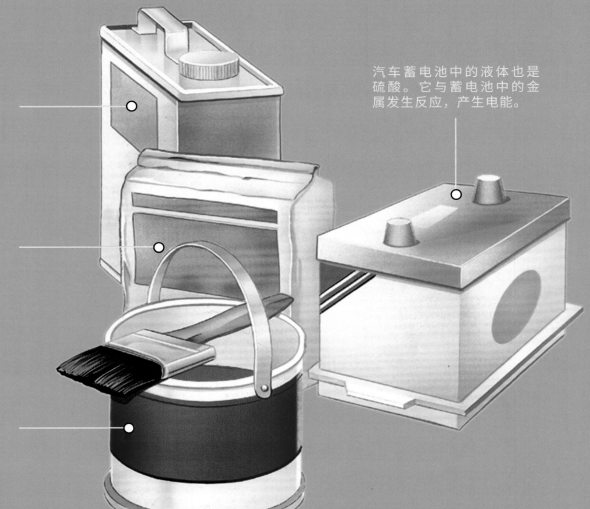

硫酸可用于去除原油中的含硫杂质。

汽车蓄电池中的液体也是硫酸。它与蓄电池中的金属发生反应，产生电能。

硫酸可用于制造硫酸铵化肥，促进农作物生长。这有助于生产我们需要的食物。

硫酸有助于生产钛白粉。这种白色粉末在涂料中被广泛应用。

用途广泛的碱

　　碳酸钠（纯碱）是白色粉末状物质或白色晶体。它是一种碱性物质，意味着它可将酸中和。生活中林林总总的产品的生产，从玻璃到食品、饮料，都缺不了碳酸钠的加入。由于碳酸钠能杀死多种细菌，它也是一种很好的消毒剂和家用清洁剂。

碳酸钠可作为清洁剂使用。肥皂和洗衣液中都加入了碳酸钠。

碳酸钠有助于中和食物饮料中过多的酸。

将碳酸钠和沙子在熔炉中熔化可制成玻璃。平板玻璃可用于制作我们常见的窗户。细玻璃丝可织成防火布或制成玻璃纤维。而熔融态玻璃可吹制成瓶子或水杯等物品。

抛光剂中的蜡有碳酸钠的参与才能制成。

熔化的金属

刀叉、货车、船舶，甚至桥梁，都是由各种钢制成的。钢非常坚硬，是世界上用途最广泛的材料之一。每年有数以亿吨的钢材生产出来。

钢的成分主要是铁，此外，还含有少许其他金属和碳元素。像这种主要由金属组成的混合物称为合金。与多数金属一样，铁也是在岩石中被发现的，含铁岩石叫作铁矿石。铁矿石中一部分是无用的岩石，而剩余部分才是铁或称为氧化铁的化合物。该化合物由铁元素和氧元素组成。铁必须从岩石中提炼出来，经过脱氧才能炼成钢材，这通常是以一种特殊的加热方式来实现的——冶炼。

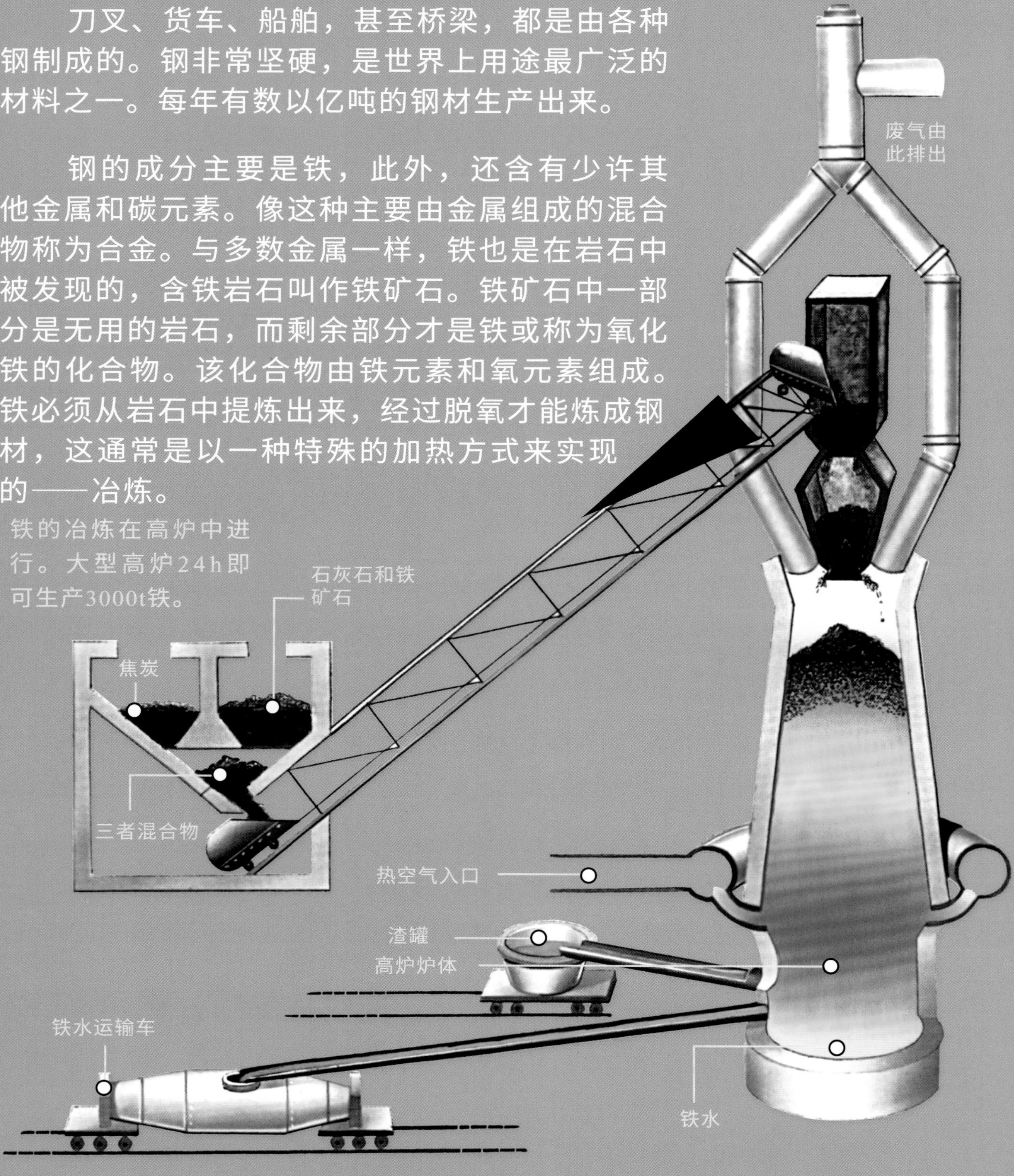

铁的冶炼在高炉中进行。大型高炉24h即可生产3000t铁。

废气由此排出

石灰石和铁矿石

焦炭

三者混合物

热空气入口

渣罐
高炉炉体

铁水运输车

铁水

炼铁的简要流程

　　铁矿石要与石灰石和焦炭相混合，然后该混合物投入高炉炉顶。冶炼人员将热空气鼓入高炉炉底。焦炭是煤炭的加工产物，易于燃烧，很快即释放出高热，随之产生一氧化碳。一氧化碳从氧化铁中吸收氧气，最终生成了铁和二氧化碳。

　　然后，铁在高温下熔化，铁水流入炉底。与此同时，铁矿石中的岩石与受热石灰石发生反应，生成了另一种液体混合物，这种混合物叫作熔渣。熔渣从高炉中单独排出，成为固体，可用于道路建设或其他土木工程。铁水出炉后，需进行净化，并混以其他液态金属。最终的混合物冷却凝固后便形成了钢。

图为铁水倒入运输车中的情景。这种车辆可将铁水运至炼钢厂其他车间，以进行净化。

盐水和电

电易于通过金属导线。铜、铝、银均为电的良导体。电也易于通过某些盐溶液、酸溶液或碱溶液。当电通过某种溶液时，溶液将因电流而发生变化，并生成新物质。

物理小百科探索　　从盐水中提取新物质

食盐晶体易溶于水，形成的溶液也是电的良导体。如下实验展示了这一点。可请成年人来协助。

摆弄电气元件时请小心。

请准备

- 3根塑料绝缘细导线，每根长15cm，两端去皮

- 1节1号电池
- 1个带灯座的1.5V灯泡

- 1卷绝缘胶带

- 1杯高浓度盐水

1 如图所示，用导线将电池和灯泡相连接。

2 现在将两个导线自由端放入盐溶液中。浸入溶液的两根导线称为电极。

我们将看到两个电极上均有气泡附着，并嗅出漂白剂之类的气味。电流使某种化学反应产生。实际上盐溶液释放了两种气体，一种是我们嗅到的氯气，另一种是氢气。新的盐溶液称为氢氧化钠溶液。当实验完成后，请将新溶液倒入下水道冲走。

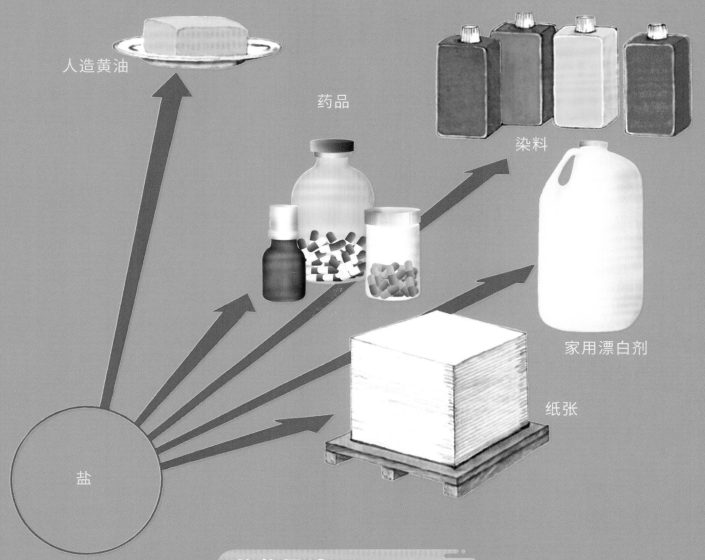

人造黄油

药品

染料

家用漂白剂

纸张

盐

人们可利用盐水来生产许多新物质。这些新物质用途广泛，每年工业上需要制取数以亿吨来满足多方面需求。它们能用来制造的产品，覆盖了广阔的领域，包括食品、药品、服装等。

盐的用途

盐是最重要的工业原料之一。当电流通过盐溶液时，可产生三种用途广泛的物质，即氯气、氢气和氢氧化钠。这三种物质极为重要，每年均要用数以亿吨的盐水来分解制备这三种物质。世界上的某些地区，地底深处蕴藏着储量丰富的固体盐。将其提取出来的常规方法是向地下钻井，并深入盐层。将水泵入井口，盐溶液即从其他井孔中上升。这种溶液所含的可溶盐要远多于海盐。

给特制反应槽中的盐水通电，即可生产氯气、氢气和氢氧化钠。氯气与氢气结合，可制成盐酸。氯气和氢氧化钠也可发生反应，产生一种名为次氯酸钠（漂白剂）的化合物。

制造金属涂层

我们已经了解到给溶液通电是会引起化学反应的。当电流在电极的位置进入和离开溶液时，会有新物质产生。请做如下实验来验证一下。

物理小百科探索　　使铜离子通过食醋溶液

我们利用电池中的电来产生化学反应。

请准备

- 1个倒满食醋的玻璃瓶

- 2根塑料绝缘铜导线，每根长约30cm

- 1根长约5cm的铅笔芯

- 1节1号电池

- 1卷绝缘胶带

- 钳子

1 取两根绝缘铜导线，用钳子将导线的三端剥皮，剥去约1cm长。

 请成年人来协助进行此项实验。

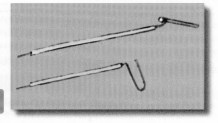

2 将剩余的电线一端剥去约10cm外皮，并将铜线芯折成U形作为电极。再将另一根导线与铅笔芯相连作为另一个电极。

3 将两个导线自由端连接到电池上。带铅笔芯的导线连接电池负极；带U形端的导线连接电池正极。

4 将铅笔芯和U形端放入食醋中。将这两个电极靠近，我们会发现食醋中有气泡产生，将二者分开，气泡会逐渐消失。

右图所示刀、叉、匙，经过镀铬工艺处理，熠熠闪光，不易生锈。

5 再次将两个电极靠近，直到产生气泡。10min后，将电池上的接线断开，并将两个电极从食醋中取出。看看有什么现象发生？（参考答案如下。）

随后涂层消失了，这是因为U形端的铜原子分离开来，转移到涂有铜原子的铅笔芯上，使铅笔芯又重新亮闪闪一样，这样一层薄薄的铜又镀在铅笔芯上了。

6 怎样使涂层再度消失？这次将带铅笔芯的导线和带U形端的导线与电池反着接，再将两个电极放回食醋中。

电镀是怎样应用的

利用电来制造金属涂层的方法，称为电镀。人们常用这种方法在普通金属的表面镀上一层薄薄的贵金属。绝大多数金表事实上是由多种金属制成的，而只有表面镀了薄薄的一层金。像刀、叉、匙这样的餐具，上面打了"EPNS"字样的字母钢印，表明它们是"电镀镍银"餐具。银镀层使餐具看起来明亮如新，闪闪发光。

有时候金属涂覆的涂层是起保护作用的。许多机器由钢铁制成，在潮湿的空气中难免生锈。铬金属不易生锈，但其价格非常昂贵。于是人们就使用少许铬在这些廉价金属表面镀上保护层。这使镀件更加美观，且经久耐用。

制造纯铝

　　铝是用途很广泛的元素，正如其他许多金属一样。它在自然界中以铝土矿石之类的岩石面貌呈现。铝土矿石是含氧元素的铝矿石。必须去除氧元素，铝才能从中提取出来。不过氧元素和铝元素结合得非常紧密，要像冶炼其他金属一样去除氧元素，普通冶炼方法是不能奏效的。将铝和氧分离的最佳方法是将其通电，这叫作电解。

　　首先，将铝矿石中的杂石和砂粒除去，剩余的白色粉末状固体称为氧化铝。氧化铝由铝原子和氧原子结合而成。将该粉末状固体与其他化学品相混合，并加热至约950℃，氧化铝即可熔化变成液体。

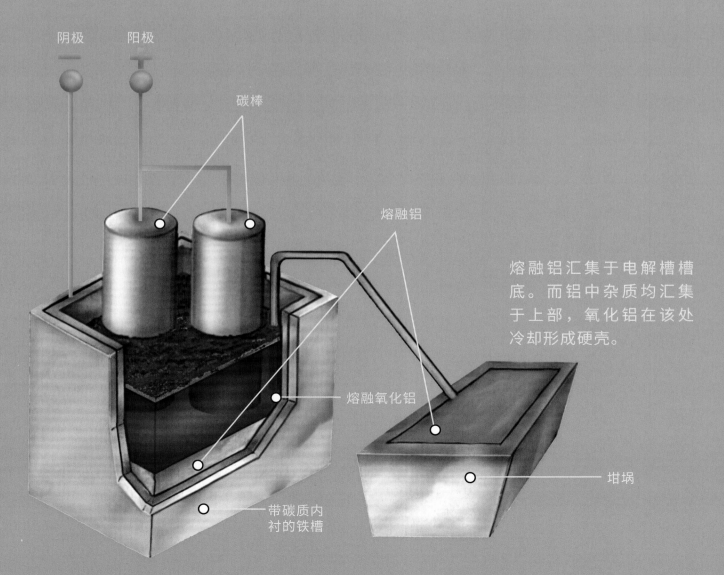

阴极

阳极

碳棒

熔融铝

熔融铝汇集于电解槽槽底。而铝中杂质均汇集于上部，氧化铝在该处冷却形成硬壳。

熔融氧化铝

坩埚

带碳质内衬的铁槽

熔融铝液被倒入坩埚，并注入铸模中进行冷却凝固。

电解手段的威力

　　将由碳制成的多个碳棒下降并插入熔融的氧化铝溶液。熔融液中即通入强大电流。电流由某个碳棒进入该溶液，经电解槽内衬流出。经过这个过程，电流将熔融的氧化铝分解成铝和氧。熔融金属铝沉入槽底，而氧与碳相结合，以二氧化碳气体的形式释放出来。

　　将纯净无杂质的熔融铝液倒入坩埚，并注入模具进行冷却。铝液冷却凝固后，即成为铝锭。

从空气中制取气体

空气是多种不同气体的混合物，这些不同的气体都是用途广泛的，不过它们必须单独被提取出来才可供人们使用，以满足多方面需求。

首先，将空气从气体变成液体，这需要将空气压缩，使其体积缩小，并冷却至－190℃来实现。然后，将液态空气注入一种称为分馏塔的装置，这个装置上部冷下部热。液态空气开始蒸发，变成气体。某些气体蒸发温度稍低，氦气和氖气就会汇集于分馏塔顶部。接下来气化的是氮气，而塔底剩余的是液态氧。这种将气体分离的过程称为分馏。

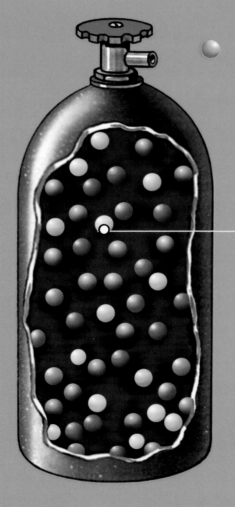

空气

液态空气

1

空气中含有许多不同气体。将其逐一分离，我们会分离出空气的主要成分，即氮气、氧气、水蒸气。空气中也有其他成分，如氩气、二氧化氮等，还有含量更少的其他成分，在此不一一列举。

2

将空气送入储气罐中，进行过滤、压缩。在空气冷却前，二氧化碳和水蒸气被从空气中除去。

3

将冷却的液态空气送入分馏塔中。当液态空气受热时，各种气体上升、分层，并实现彼此分离。

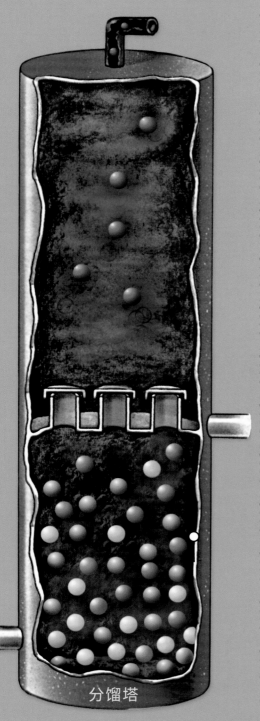

分馏塔

气体的多种用途

空气中的气体可广泛应用于各个领域。呼吸系统有问题的人，无法摄入足够氧气。他们可呼吸含氧量更高的特制空气来满足自身需求。燃料缺少氧气助燃是无法燃烧的。一种称为乙炔的气体在纯氧中燃烧，会产生温度极高的火焰，这种火焰可将金属熔化并轻易切断。在污水处理厂中，氧气也可用于将有害物质进行无害化处理。

液氮温度极低，它可用于将食物迅速冷冻。此外，它也可将损坏管道中的液体进行冷冻，以便于工人修复管道。在氮气中物质无法燃烧，于是氮气——通常混以一种称为氩气的气体——常作为电灯泡的填充气体，以避免灯丝发光时烧毁。植物生长离不开氮，于是许多农民使用含氮化合物的化肥，将其施入土壤中改良土壤。

液氮常作为冷却剂用于实验和需要低温的工艺流程中，诸如食品冷冻。

高大的炼油塔

原油是一种混合物，含有多种不同化学物质，即所谓的碳氢化合物。碳氢化合物用途非常广泛，可用于制造种类繁多的不同物品，例如丁烷气、汽油、柴油、塑料、药物、油漆等。

原油经过提炼，才能供人们使用。在炼油厂，须将原油加热，转变成油气混合物。然后将该混合物送入巨大的分馏塔中。塔内设有多层塔盘。该塔上部冷下部热，气体沿着塔身上升，在不同温度下冷凝成液体，并汇集于塔盘上。具有较长分子链和较多碳原子的气体，在较高的温度下冷凝；而具有较短分子链和较少碳原子的气体，则在较低的温度下冷凝。这一过程是另一种典型分馏。

大型炼油厂每天要提炼成千上万吨石油来制造用途广泛的化工产品。

不同碳氢化合物具有不同碳原子数目。

具有1～5个碳原子的碳氢化合物在塔顶仍保持为气体。该类气体常用于罐装燃料。

汽油具有5～10个碳原子，常用作汽车燃料。

石脑油具有8～12个碳原子，常用于制造化学品。

煤油具有9～16个碳原子，常用作飞机燃料。

柴油具有15～25个碳原子，常用作火车和轮船燃料。

沥青具有20多个碳原子，常用于屋顶防水。

如图所示为分馏塔和逐层分离的各种物质。

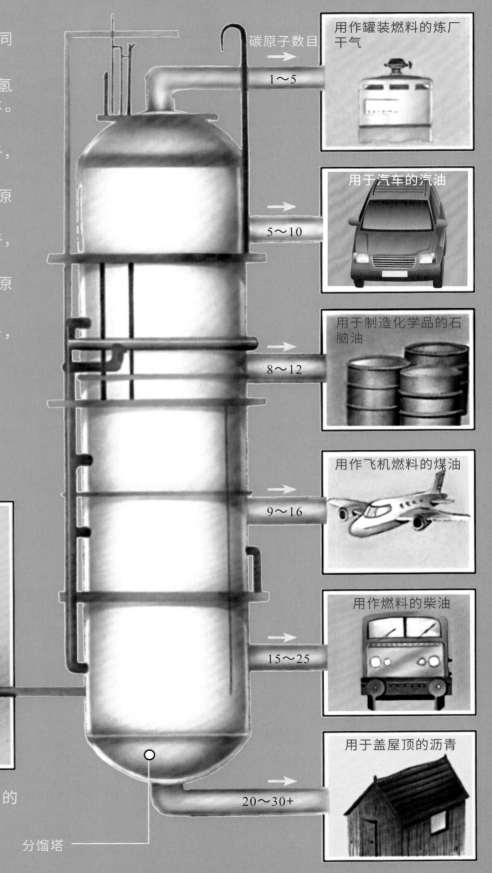

碳原子数目

用作罐装燃料的炼厂干气
1～5

用于汽车的汽油
5～10

用于制造化学品的石脑油
8～12

用作飞机燃料的煤油
9～16

用作燃料的柴油
15～25

用于盖屋顶的沥青
20～30+

原油

分馏塔

塑料

　　看看我们周边，数数有多少物品是由塑料制成的？在现代生活中，塑料制品种类繁多，难以计数，可以说无处不在。某些人群甚至体内也有塑料部件，比如人工心脏瓣膜或膝关节、髋关节等。

　　塑料属于合成材料，即它们不是自然界本来就有的，而是由科学家们长期以来发明创造的。聚氯乙烯（简称PVC）常用于制造玩具、雨衣以及水暖管道和各类管线。还有一种塑料聚四氟乙烯（简称PTFE）常用作不粘锅的锅底涂层。不少钢笔笔杆由聚苯乙烯制成。而聚对苯二甲酸乙二醇酯（简称PET）作为一种聚酯纤维，可用来制造饮料瓶。

许多玩具类的日常用品都含有塑料成分。

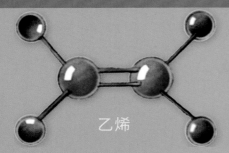

乙烯

乙烯是一种碳氢化合物。它的分子称为单体。乙烯单体在催化剂的作用下互相结合在一起，可形成长链分子，这就是聚合物。

塑料是怎样制造的

绝大多数塑料是由原油中提炼的化学品制成的。在炼油厂，石油可分离出不同物质，被称为乙烯的碳氢化合物便是其中之一。碳氢化合物分子互相结合形成长链，即称为聚合物。要使聚合物生成，一种称为催化剂的特种化学品是必不可少的。

生产聚乙烯

当科学家将乙烯分子进行组合时，一种称为聚乙烯的聚合物便诞生了。聚乙烯可用于制造塑料瓶以及更多其他容器。此外，各种碳氢化合物添入不同的催化剂，也可产生其他种类的塑料。

碳原子

氢原子

乙烯聚合物

橡胶和胶乳

让我们猜猜生活中有哪些物品是由橡胶制成的。有胶皮手套、橡皮筋、鞋子和靴子、汽车风扇、安全带、充气橡皮艇、橡胶瓶塞、足球、轮胎，还有乳胶床垫等。一一数来，种类繁多，令人眼花缭乱。事实上，用于制造上述物品的橡胶，彼此是有性能差异的。它们有的又轻又松软，像海绵一样；有的伸缩性强；有的坚硬不易变形。试想一下，将床垫用橡胶瓶塞那样的材料来制造，人睡上去该多么不舒适呀！

大多数橡胶是人工合成的，属于合成材料。天然橡胶由一种称为胶乳的白色液体制成。胶乳是橡胶树分泌的汁液。将橡胶树树皮切出呈A或V形的切口，乳白色的黏稠汁液便会缓缓流出，汇集于绑在树干上的收胶桶中。

硫原子

碳原子

胶乳是由长链碳氢原子结合组成的，是一种碳氢化合物。当胶乳处于液态时，长链碳氢化合物分子很容易相互滑移。

图为白色黏稠的胶乳从橡胶树上被采集下来。胶乳含有橡胶成分。

这种重型车轮胎，组成材料除了橡胶，还有与之一同浇注成型的钢丝，非常结实。

增强橡胶

为了将胶乳制成用途广泛的弹性固体，需将其连同一种称为硫的物质进行加热。硫原子可在碳氢化合物之间搭出密如网状的桥，并将它们固定在一起，这种橡胶称为硫化橡胶。它非常坚固，常用于汽车轮胎。

硫化橡胶是科学家们化腐朽为神奇的一个典型例子。他们致力于将碳氢化合物和其他许多物质基本单位重新排列制成新材料，使之或者更坚硬，或者更柔软，或者具有高强度或高弹性。

当橡胶和硫一同被加热时，硫与橡胶中的碳氢化合物相结合，这一过程称为橡胶的硫化。

不可见射线

　　我们周围的世界无时无刻不在发生变化。正如物质形态可从固体变成液体，然后再变成气体一样。当水蒸发时，水分子虽然保持不变，但是彼此间距变大。

　　诸多变化中也包括化学变化，比如铁生锈。当铁原子、氧原子和水互相结合时，它们会发生反应，产生与先前不同的物质。

　　物质发生变化不仅于此，其实还有其他形式。物质也可以在原子核层面发生变化，即核变化。当核变化发生时，原子核会放射出不可见粒子和射线，含有这类原子的物质被称为放射性物质。

放射性强度究竟有多大

　　放射性物质主要发出三种辐射。阿尔法粒子束能量很弱，连两张厚纸也穿不透；贝塔粒子束虽能穿透纸张，但是在薄铝板面前就会败下阵来；而对于伽马粒子束来说，这些都不在话下，它在混凝土墙前也能来去自如。能挡住伽马射线的，只有一定厚度的铅板。

物质均含有一些放射性原子。放射性有利有弊。

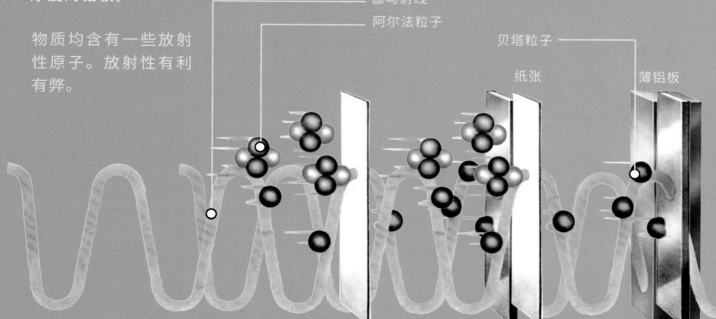

伽马射线
阿尔法粒子
贝塔粒子
纸张
薄铝板

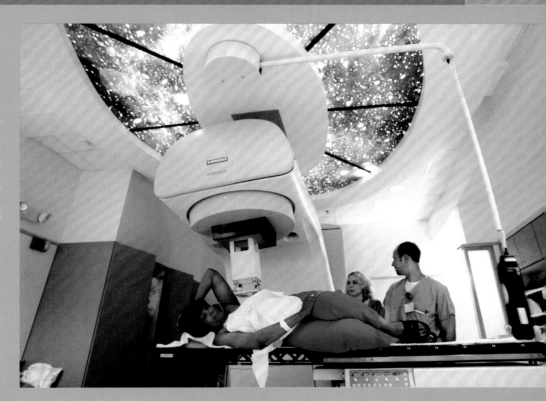

放射性物质和辐射以多种方式应用于医药领域。如右图所示，放射治疗可利用放射性物质的X射线或粒子来攻击患者体内癌细胞。

放射性物质的作用

伽马射线可用来检测金属管线和机械零部件中的裂痕。当射线穿透金属并投射在胶片上时，裂痕即可被拍照成像。

贝塔粒子束可用来检测包装是满的还是空的。如果包装是空的，粒子束穿过包装将畅通无阻。

凡是物质多多少少都含有放射性原子。这些放射性原子发生放射性衰变，最终会逐渐变成不同物质。科学家可通过测定物品中的放射性残留量来估算岩石、化石、尸骨甚至出土衣物的年龄，这称为放射性碳年代测定。

放射性带来的危害

放射性尽管用途广泛，但其危害也不小。人们如果暴露在强辐射下过久，就会生病甚至死亡。因此，放射性物质必须妥善保管处置。在现实生活中，核电站工作人员身穿特制防护服来保护自己免遭辐射。

铅板

致谢

《少年科学家》出版者为在本书中使用的照片向以下摄影师、出版商、代理机构以及公司表示诚挚的感谢。

封面	© Ken Toh, Dreamstime	43	© Getty Images
20	© Getty Images	45	© Getty Images
22	© Getty Images	47	© Getty Images
25	© Getty Images	48	© Getty Images
28	© Shutterstock	50	© Getty Images
34	© Getty Images	52	© Getty Images
35	© Getty Images	53	© Getty Images
39	© Getty Images	55	© Getty Images

插图绘制人员

Martin Aitchinson
Nigel Alexander
Hemesh Alles
Martyn Andrews
Sue Barclay
Richard Berridge
John Booth
Lou Bory
Maggie Brand
Stephen Brayfield
Bristol Illustrators
Colin Brown
Estelle Carol
Matt Carrington
David Cook
Marie DeJohn

Richard Deverell
Farley, White and Veal
Sheila Galbraith
Peter Geissler
Jeremy Gower
Kathie Kelleher
Stuart Lafford
Francis Lea
John Lobban
Louise Martin
Annabel Milne
Yoshi Miyake
Donald Moss
Eileen Mueller Neill
Teresa O'Brien
Paul Perreault

Roberta Polfus
Jeremy Pyke
Trevor Ridley
Barry Rowe
Don Simpson
Gary Slater
Lawrie Taylor
Gwen Tourret
Pat Tourret
Peter Visscher
David Webb
Gerald Whitcomb
Matthew White
Lynne Willey